죽은 감나무에는 꽃이 피지 않는다

죽은 감나무에는
꽃이 피지 않는다

초판 1쇄 발행 2023년 9월 15일

엮은이 용화
펴낸이 정성욱
펴낸곳 이정서재

편집 정성욱
마케팅 정민혁

출판신고 2022년 3월 29일 제 2022-000060호
전화 02)732-2530 | FAX 02)732-2531
이메일 jspoem2002@naver.com

ⓒ 용화, 2023
ISBN 979-11-982024-4-4 (03220)

여러분의 소중한 원고를 기다립니다.
jspoem2002@naver.com

죽은 감나무에는 꽃이 피지 않는다

-연기에 의한 공사상의 원리

용화
지음

이정
서재

연기와 공사상은 소중한 진리이다

우리는 인연에 의해 살아간다. 부모님이 나를 낳아주신 것도 인연이요, 나를 배움의 길로 인도해 주시는 선생님도 인연이요, 친구와 이웃도 인연이다. 연기법은 이러한 인연의 결과물을 가리킨다. 좋은 인연을 만나서 좋은 일이 많이 생기면 좋은 연기가 되고, 나쁜 인연을 만나서 나쁜 일이 생기면 나쁜 연기가 된다. 이렇듯 공사상은 인연과 인연이 만나서 연기에 의해 새로운 것이 생겨나는 창조성을 가리킨다.

또한 연기는 사람에게만 반드시 적용되는 것이 아니라 자연 속에서도 어김없이 일어난다. 한 그루의 나무가 자라려면 햇빛과 물과 흙이 필요하다. 만약, 그중에 하나라도 없다면 나무는 말라 죽거나 썩을 것이다. 그렇기에 흙과 물과 햇빛은 나무가 자라기 위한 필요 조건이다. 이렇듯 세상에는 인연 아닌 것이 하나도 없다.

나라는 존재 역시 그렇다. 나는 아버지와 어머니의 연기에 의해 태어난 인연의 산물로서 부모님이라는 공사상에 의해 태어난 위대한 존재이다. 이것이 바로 연기와 공사상의 바른 원리이다.

　그런데 문제는 연기와 공사상이 적용되려면 몇 가지의 원리가 적용되어야 한다는 것이다.

　첫째, 죽은 건 연기가 되지 않는다는 점이다. 죽은 감나무가 꽃을 피울 수 없고 죽은 벌이 꿀을 만들 수 없다. 만약, 죽은 감나무가 꽃을 피우고 죽은 벌이 꿀을 만든다면, 그 꿀은 틀림없이 가짜이다.

　둘째, 눈으로 확인되지 않는 건 연기가 이뤄지지 않는다는 점이다. 석가모니불과 예수는 이미 수천 년 전에 죽은 성인이다. 그런 이에게 아무리 빌어도 살아 있는 나와는 연기가 일어나지 않으므로 소원을 들어줄 리가 없다는 것이다. 이렇듯 눈으로 확인되지 않은 것은 아무런 쓸모가 없다.

　셋째, 똑같은 것끼리만 연기가 이루어진다는 점이다. 생명에게는 그것만이 지니는 고유의 유전자가 있다. 토끼와 사슴이 연기한다고 해서 토끼가 사슴이 되고 사슴이 토끼가 되지 않는다. 이

6

렇듯 연기는 반드시 똑같은 것끼리만 연기가 일어난다. 이것이 바른 연기법이다.

지금 우리는 이러한 연기와 공사상의 바른 원리를 알고도 단지, 많은 사람이 믿고 따르고 있다고 해서 무조건 맹신하는 잘못된 종교관을 가지고 있다. 그리고 사람이 죽으면 그 업에 따라서 육도 윤회한다는 삼세 윤회설은 석가모니불의 진정한 가르침이 아닌데도 깊이 빠져 있다는 것이 문제이다.

이젠 종교도 시절 인연에 따라 변해야 한다. 종교의 참된 목적은 마음의 안식과 행복 추구에 있다. 이것이 전제되지 않는 한 종교는 설 자리가 없다. 이것이 내가 이 책을 집필하는 근본적인 이유이다.

2023. 9
수리산 용화사에서
용화 대불

차례

1장 /

사람은
연꽃처럼

5장 /

마음을 항상
공에 두라

사람은
연꽃처럼

연꽃이 더러운 진흙 속에서도 자라고
연잎에 아무리 많은 비가 내려도
한 방울의 물조차 머금지 않는 것은
연꽃 스스로가 청정하기 때문이다.

노숙자와 선지식

◆
◆

노숙자와 거지도 귀한 사람이다.
그들을 나쁘게 보거나 욕하면
나도 연기에 의해 중생이 된다.

오래전, 기업을 운영하면서 적지 않은 재산을 모은 적이 있었습니다. 어느 날 저녁, 서울역을 지나다가 한 노숙자가 내 앞을 가로막고 돈 달라고 손을 쑥 내밀었습니다. 얼굴은 멀쩡한데 오랫동안 씻지 않았는지 그의 몸에서는 심한 악취가 났습니다. 나는 전화번호를 알려주면서 그에게 말했습니다.

"목욕비를 줄 테니 깨끗이 목욕하고 나에게 전화하면 목욕비보다 많은 열 배의 돈을 주겠소. 근처에서 저녁 식사를 하면서 기다리겠소."

노숙자는 어리둥절한 모습으로 한참 망설이다가 그 길로 목욕탕에 가서 몸을 깨끗이 씻은 뒤 내게 전화했습니다. 나는 약속한 대로 돈을 주면서 한술 더 떠서 새옷을 사서 입고 오면 얼마간의 돈을 주겠다고 하고 회사의 주소가 적힌 명함을 주었습니다. 직원들이 만류했지만 나는 서슴없이 주소와 전화번호를 가르쳐 주었던 것입니다.

노숙자가 다시 나를 찾지 않을 수도 있었지만, 그의 표정을 보니 꼭 연락할 것만 같았습니다. 얼마 후 예감대로 그가 회사로 찾아왔습니다. 새옷으로 갈아입은 그는 여느 사람들과 다를 바가 없는 선량한 사람이었습니다. 얼마 전까지만 해도 그는 한 가정의 가장이었다고 합니다. 그런데 사업에 크게 실패하여 신용불량자가 되고 빚쟁이에게 쫓겨 도망 다니다가 노숙자가 되었다고 합니다. 그가 말했습니다.

"사장님 정말 고맙습니다. 목욕하고 새옷을 사서 갈아입으면서 많은 생각을 했습니다. 사장님이 어리석은 제 마음을 깨닫게 해 주셨습니다."

그를 회사의 자재부에서 일하도록 했습니다. 얼마 후 그는 한 가정의 가장으로 되돌아갔습니다. 누구보다도 열심히 일해 새로운 삶을 찾게 되었던 것입니다. 그 일을 계기로 나는 역전 주변의 노숙자를 위해 작은 쉼터를 마련하고 끼니를 제공하는 등 봉사활동을 계속해오고 있습니다. 지금도 어려운 독거노인들을 위해 매년 300포대의 쌀을 시청에 기부하고 있습니다. 그 당시 내가 느낀 것은 그들도 똑같은 사람이라는 것입니다. 무조건 도와주는 것만이 능사가 아니라, 그들이 새로운 인생을 출발할 수 있도록 길을 열어주는 것이 진짜 봉사가 아닐까요? 노숙자들을 무조건 비난만 해서는 안 됩니다. 그들을 나쁘게 보거나 욕하면 연기에 의해 자신도 중생이 된다는 사실을 잊지 말아야 합니다. 이처럼 선지식은 중생들이 생각하지 못하는 다른 곳을 바라봅니다. 그런 이가 곧 부처님입니다.

시주의 공덕

◆
◆
|
|
|
|

시주하는 사람의 마음이 청정하고
시주받는 절이 청정해야 그 공덕도 있다.
시주할 때는 대가를 바라지 않아야 하고
받는 곳에서도 낭비하지 말고 아껴서 써야 한다.
시주도 연기를 일으켜서 큰 공덕을 불러온다.

역전 근처에서 팔십 정도 된 할머니가 조그마한 좌판을 열고 감자, 파, 시래기, 버섯 등을 비가 오나 눈이 오나 매일 팔고 있었습니다. 그 모습이 안쓰러워 절에 사용할 물건들을 가까운 시장에서 사지 않고 일부러 그곳에 가서 샀습니다.

하루는 하도 궁금해서 할머니에게 물었습니다.

"할머니, 연세가 많으신데 자녀들은 있습니까?"

할머니가 빙그레 웃으면서 말했습니다.

"다들 잘 지내고 있지요. 영감은 일찍 죽고 자식들에게 손을 내밀고 싶지 않아서 십여 년 동안 계속 장사하고 있어요. 집에만 있으면 뭐해요."

할머니에겐 자식이 셋인데 큰 아들은 공무원이고, 작은 아들은 대기업에 다니고 있고, 딸도 시집가서 잘 살고 있다고 합니다. 그런 할머니가 역전에서 채소를 팔고 있으니 그저 마음이 아팠습니다. 그런데 더 놀라운 사실은 채소를 판 돈을 십 년 동안 자신이 다니는 절에 몽땅 시주했다는 겁니다.

깜짝 놀라서 다시 물었습니다.

"할머니가 바로 관세음보살님이시네요. 나중에 돌아가시면 극락에 가시겠습니다. 그런데 어떤 연유로 그렇게나 오래 시주하고 계시나요?"

"시주하면 그냥 마음이 편해집니다."

나는 할머니의 말씀을 듣고 느낀 바가 꽤 많았습니다. 비록 적은 돈이지만, 절에 꼬박꼬박 시주하는 할머니의 모습이 무척이나 행복해 보였습니다.

옛 선사들의 말에 따르면 시주 공양물을 잘못 쓰면 무간지옥에 떨어진다고 했습니다. 이렇듯 시주도 연기를 일으키기에 주는 사람이나 받는 곳이나 항상 그 마음이 청정해야 시주의 공덕도 크다는 사실을 꼭 명심해야 합니다.

죽음은 자연의 법칙이다

이 세상에 죽음이 없는 집을 찾아보라.
죽음이 없는 집은 하나도 없다.
죽음을 받아들이는 것도 삶의 일부다.

한 여인이 석가모니 부처님을 찾아와서 죽은 아들을 살려 달라고 애원했습니다.

그때 석가모니 부처님은 이렇게 말씀하셨습니다.

"내가 그대의 아들을 살려 줄 테니 조건이 있다. 지금 당장 마을로 내려가서 과거 이래 단 한 사람도 죽지 않은 집이 있거든 그곳을 알아 오라."

여인은 석가모니 부처님이 죽은 아들을 살려 주겠다는 말씀을 듣고 기쁜 나머지 그길로 마을로 내려가서 죽은 자가 없는 집을 샅샅이 찾아 나섰습니다. 하지만 그런 집은 단 한 곳도 없었습니다. 그제야 여인은 '누구나 사람은 태어나서 반드시 죽는다.'는 사실을 크게 깨닫고 슬픔을 곧 멈추게 되었습니다.

이 글은 석가모니 부처님의 '죽음에 관한 철학'이 담긴 내용으로서 《잡아함경》에 실려 있습니다. 한 여인이 석가모니 부처님을 찾아와서 죽은 아들을 살려달라고 하자 석가모니 부처님은 아들을 살려 줄 조건으로 한 사람도 죽지 않은 집을 알아오라고 합니다. 여인은 기쁜 나머지 과거에 단 한 사람도 죽지 않은 집을 찾아 나서지만, 그런 집은 한곳도 없다는 사실을 알게 되고 모든 존재가 죽음을 피할 수 없다는 사실을 스스로 깨닫게 됩니다. 그리고 여인은 아들의 죽음을 그제야 받아들입니다. 석가모니 부처님이 경을 통해 중생들에게 알려주고자 한 건 모든 존재는 태어남이 있으면 반드시 죽음이 있고, 죽음이 있으면 태어남이 있다는 것입니다. 그렇기에 죽음은 어쩔 수 없는 대자연의 법칙이기에 슬픔에만 빠지지 말고 초연하게 죽음을 받아들이라는 것입니다. 최고의 죽음은 늙어서 자연사하는 것이기에 무엇보다도 몸과 마음을 잘 다스려 행복하게 오래 사는 것이 중요합니다.

내 곁에 부처가 있다

◆

부처를 먼 곳에서 찾지 말라.
부처는 산속에 있는 것이 아니라,
시끄러운 세속 가운데에 있다.
아내와 남편 이웃이 바로 부처다.

얼마 전, 거리에서 탁발하는 한 젊은 승려를 만난 적이 있었습니다. 낯이 무척 익어 얼굴을 자세히 훑어보니 오래전에 나와 적지 않은 인연이 있었던 승려였습니다.

승려에게 돈을 보시하면서 물었습니다.

"그대가 갑자기 삭발하고 출가한 목적이 무엇인가?"

승려는 당황한 듯 목탁 치는 것을 멈춘 뒤, 아무 말도 하지 못하고 우뚝하니 나를 바라만 보고 있었습니다.

내가 다시 물었습니다.

"불법을 배우기 위해서인가?"

얼굴이 붉어지더니 또다시 묵묵부답이었습니다.

"아니면 깨달음을 얻어서 중생을 제도하기 위해서인가?"

세 번을 되묻자 그제야 승려가 입을 열었습니다.

"세속의 삶이 너무 힘들어서 출가하게 되었습니다."

나는 그 소리를 듣고, "이놈" 하고 야단을 쳤습니다. 그 순간 그는 혼비백산 도망쳤습니다. 불법을 닦기 위해서도 아니고, 깨달음을 얻어 중생을 제도하기 위해서도 아니고, 단순히 세속의 삶이 힘들어서 출가했다는 승려의 말에 나는 그만 화가 치밀었던 겁니다. 그리고 보면 나 또한 중생입니다.

사실, 나는 절에서 태어나서 청년 시절을 보내었습니다. 그러다 보니 절간의 승려들을 보면서 자랐습니다. 그때 나는 수행자라면, 불법을 배워 중생을 제도하겠다든지 깨달음을 얻겠다든지, 출가의 목적만은 분명해야 한다고 생각하고 있었습니다.

수행자보다 세속의 삶이 더 힘듭니다. 부처의 길은 출가자의 몫만이 아니라 불자들의 몫이기도 합니다. 요즘 일탈을 일삼는 승려들을 보면 실로 한심합니다. 수행자의 길을 걷지 못한다면, 차라리 세속의 불자처럼 일하면서 사는 것이 더 좋지 않을까요? 부처는 어디에도 있습니다. 아내와 남편, 이웃이 바로 부처입니다.

참선이란 무엇인가?

◆
◆

죽은 화두話頭를 붙잡지 말고
살아있는 화두를 붙잡아라.

오늘날 한국불교는 중국의 달마, 혜가, 승찬, 도인, 홍인, 혜능으로 이어지는 육조의 선종禪宗을 받아들이고 한국의 도의 국사를 종조로 한 선불교를 표방하고 있습니다. 그 후 중국의 임제선사에 의해 선종은 선문답으로 발전하게 되어 1,700여 개의 공안을 낳게 됩니다.

'부처는 무엇인가. 똥 막대기이다.'라는 건시궐과 '부모님으로부터 태어나기 이전의 나는 누구인가?'라는 '이뭣고' 화두가 대표적입니다. 여기에서 '이뭣고' 화두는 인도의 소승에서 주장한 전생관이 다분히 포함되어 있습니다. 조계종의 '조계'는 일자무식이고 나무꾼인 육조 혜능이 '조계산'에서 나무하다가 《금강경》사구게의 하나인 '응무소주 이생기심應無所住 而生其心: 머무는 바없이 마음을 내라.'는 소리를 바람결에 듣고 깨달음을 얻었다는데에서 유래된 것입니다. 이를 볼 때 현 불교는 엄밀히 말하면 중국불교이지 한국 고유의 불교가 아닙니다. 그렇다면 불교의 수행 방법과 중국 선종의 화두 참구는 어떤 것이 같고 다를까요?

석가모니의 부처님의 가르침은 매우 실상實相적이고 현실적인데 반해, 중국 선종에서 주장하는 화두는 챗봇과 AI 시대인 오늘날 같은 과학 시대에는 뜬구름 잡는 사구死句에 불과할지 모릅니다. 시조 시인이자 백담산 조실이었던 무산 오현스님조차 몇 년전 백담사 하안거 결제에서 "중국의 선종은 사구에 불과함으로 이제는 시대에 맞는 활구活句를 찾아야 한다."고 스스로 비판했던 적이 있습니다.

실제로 깨달음을 참구하는 '수행자'와 실천적인 삶을 수행하는 '보살'은 어울리지 않는 측면이 있습니다. 단지 수행자는 깨달음을 얻어 부처가 된 뒤 윤회하지 않는 삶을 살기 위해 비가 오나 눈이 오나 오직 화두 참구만을 하고, 보살은 세상에 이로운 일을 실천하여 부처가 되고자 하지만 둘 사이의 개념은 어딘지 모르게 크게 어폐가 있다는 뜻입니다. 왜냐하면, 인도의 대승적 측면에서 보면 보살은 일체중생과 더불어 수행한다는 의미가 함축적으로 들어 있고 선종의 수행자는 오직 자신만의 깨달음을 추구하기 때문입니다.

사실, 불교에서 보살이 크게 부각된 것도 석가모니 부처님의 말씀 때문인데 '당신이 아직 깨우침을 얻지 못한 보살일 때'에서 유행했던 용어입니다. 이것을 보면 석가모니 부처님의 가르침은 화두 수행이 아닌 힘든 중생들을 제도하기 위해서 임을 알 수 있습니다.

그러므로 산속에만 갇혀 죽은 화두를 붙잡고 참구하는 건 올바른 수행자의 길이 아닐 수도 있습니다. 진정한 부처의 길은 보살처럼 생활 속에서 이웃과 사회를 위해 봉사하는 가운데 있습니다. 이것이 바른 대승의 길이 아닐까요.

또한 불교 명상은 어지러운 물질문명 속에서 자기 존재를 밝히는 확실한 수행법이기에 이제라도 승가는 그에 맞는 화두 참

선법을 새롭게 개발해야 합니다. 차라리 '이뭣고' 화두보다 "지금 나는 누구이며 지금 어디로 가고 있는가."라는 실질적인 화두 참구가 바른 수행 방법이 아닐까요?

사람은 연꽃처럼

❖

연꽃이 더러운 진흙 속에서 자라고
연잎에 아무리 많은 비가 내려도
한 방울의 물조차 머금지 않는 것은
연꽃 스스로가 청정하기 때문이다.

연꽃은 뜨거운 여름 더러운 진흙 속에서 꽃을 피우는 매우 특이한 식물입니다. 옛 중국의 선비들은 그래서인지 연꽃의 생장生長을 바라보면서 군자의 길과 자주 비유를 했습니다. '연꽃은 진흙 속에서 피지만 꽃과 잎이 더러움에 물들지 않는다.'는 이제염오離諸染汗, '연잎은 부드러워 강한 것에도 꺾이지 않는다.' 유연불삽柔軟不澁, '연잎은 물이 닿아도 한 방울도 머금지 않듯이 악에 물들지 않는다.' 불여악구不與惡口, '연꽃은 피고 나면 반드시 열매를 맺는다.'는 개부구족開敷具足이 그 한 예입니다.

그런데 연꽃이 불교를 상징하는 꽃이 된 까닭은 무엇일까요? 연꽃의 특성이 불교의 가르침과 그 맥락을 같이 하기 때문입니다. 석가모니 부처님이 탄생하실 때 땅에서 연꽃이 솟아났다는 설이나, 법상에서 연꽃 한 송이를 들었더니 가섭迦葉이 빙그레 웃었다는 '염화미소拈花微笑'도 연관이 있습니다. 이 같은 이유로 인해, 전각과 불상 등 불교문화와 예술에서 연꽃 문양이 빈번하게 나타나는 것입니다.

무엇보다도 연꽃이 가지고 있는 깊은 의미는 깨끗함과 더러움이 공존하는 세상 속에서 우리가 마음을 내려놓고 연꽃처럼 청정하게 살면, 괴로움이 사라지고 깨달음을 얻어서 부처가 될 수 있다는 것입니다.

상相을 버려라

❖

우리나라 절을 가보면
상相 높은 수행자만 많고
정작 있어야 할 부처는
눈 씻고 봐도 없다.
부처가 있어야 중생도 있는데
불자는 점점 줄어들고 있고
자칭 부처만 늘고 있다.

어떤 한 불자가 〈즉문즉설〉로 아주 유명해진 한 스님에게 요즘 불자들이 많이 줄고 있는 현상에 대해 물었습니다.

"스님, 요즘 절에 신도들이 급격히 줄고 있고 특히 젊은 세대들이 불교를 믿지 않는데 그 이유는 무엇입니까?"

스님이 이렇게 대답했습니다.

"절에 불자들이 안 온다고 해서 무슨 문제가 있을까요? 그것보다 우리 불자들이 괴로움을 벗고 자유롭고 행복하게 사는가가 더 중요합니다."

내가 듣고 보니 그 스님의 답은 그럴싸하지만, 핵심적인 가르침은 없고 스님이라면 누구나 생각할 수 있는 극히 원론적인 대답에 불과했습니다. 그 불자의 물음도 중생의 생각에 지나지 않거니와 그 스님 또한 자신의 인기에 편성한 말장난 같고 표피적인 대답뿐이어서 크게 실망했습니다. 이것은 종교가 가진 궁극적인 본질을 외면하는 것입니다.

그렇다면 그 스님이 말하는 괴로움은 무엇이고 또한 행복은 무엇일까요? 이러한 것에 대한 자세한 언급은 없고 겉만 번지르르하고 지극히 스님다운 대답만 일색인 말을 듣고 우리 불자들이 좋아하는 것을 보면 마치 중생이 묻고 중생이 답하는 것 같은 생각이 들었습니다.

본디 우리 마음에는 '본심'과 '욕심'이라는 두 마음이 있습니다. '본심'은 우리가 세상에 올 때부터 지니고 있었던 티없이 맑은 아기 같은 마음을 가리키고 '욕심'은 자신의 분수에 맞지 않고 무엇을 탐하거나 누리고자 하는 마음인데 문제는 이것 때문에 번뇌가 생기고 괴로움이 생긴다는 것입니다. 따라서 사람에게 괴로움이 생기지 않으려면 '욕심'을 버리면 됩니다. 물론, 쉬운 일은 아닙니다. 우리가 종교를 믿는 궁극적인 이유는 바로 여기에 있습니다. 그걸 사람들에게 바르게 일러주면 자연스럽게 불자가 늘어날 것입니다.

한 예로, 과거에 우리 노老 보살님들은 석가모니 부처님을 기복의 대상으로 여기면서 열심히 절을 다녔습니다. 그 기복 또한 욕심이 만들어낸 허울이라는 것입니다. 무엇인가를 얻으려고 한다는 것 그 자체가 바로 욕심이기 때문이지요.

그러나 지금의 우리 젊은이들은 학력이 매우 높고 과학 문명 시대를 살고 있습니다. 이런 젊은이들에게 마음이 어떻고 괴로움이 어떻고 기복이 어떻고 입에 침이 마르도록 말한다고 해서 과연 그들에게 통할까요? 세월이 흐르면 모든 것이 변하듯이 종교의 가치도 시대에 맞게 변해야 합니다.

종교가 설 마당이 점점 사라지는 이런 시대에 아직도 수천 년 전의 아무짝에도 쓸모없는 삼세 윤회설에 홀려 기복에 머물러 있거나, 뜬구름만 잡고 있다면, 젊은이들이 더 이상 불교를 믿지 않을 것입니다. 이러한 현상을 우리 불교는 심각하게 받아들여야 합니다.

종교의 가치는 행복 추구에 있습니다. 스님은 부처고, 불자는 중생이라는 시각부터 먼저 바꿔야 미래가 있습니다. 불자가 있어야 스님이 있고 중생이 있어야 부처가 있습니다. 그러므로 종교가 번성하려면 먼저 불자들이 가진 고민이 무엇인지를 자세히 알고 그것을 해결해 주는 방법을 모색하는 것이 종교의 올바른 길입니다. 그런데 어떻습니까? 본디 종교가 사회를 걱정해야 하는데 요즘은 사회가 종교를 걱정하고 있으니 종교인의 한 사람으로서 그저 안타까울 뿐입니다. 자각해야 할 사람은 신도들이 아니라 바로 종교인들입니다.

공사상을 깨치면 부처가 된다

연기와 공사상의
진리를 깨닫는 것이
부처가 되는 가장 빠른 길이다.

어느 날 젊은 여성이 절에 와서 제게 물었습니다.

"그대가 수락산 용화사에 온 까닭은 무엇인가?"

"요즘 마음이 불안해서입니다."

나는 그 젊은 여성의 말을 듣고 이렇게 말했습니다.

"그대가 소원을 빌거나 기복을 원해서라면, 여기에서는 들어줄 수가 없으니 올 필요가 없소."

그 여성은 한참 동안 망설이다가 말했습니다.

"스님, 절은 아무나 올 수 있는 곳이 아닙니까? 그런데 왜 오지 말라는 것이지요."

"물론, 아무나 올 수 있는 곳이지만 무엇을 원하거나 성취하기 위해 오는 곳이 아니라는 말이지요. 여기는 그런 곳이 아니라, 연기와 공의 바른 진리를 배우는 곳이오."

그 순간 그 젊은 여성은 눈이 반짝반짝 빛났습니다.

"연기와 공의 바른 진리라니요?"

"어때요, 용화사 와서 배워 보시게요. 연기와 공의 진리를 깨치면 당신이 그토록 원하는 것들을 한 방에 해결할 수 있소."

그때부터 그 젊은 여성은 용화사를 다니기 시작해 지금은 열성적인 신도가 되었습니다.

이렇듯 연기와 공사상은 기복과는 비교조차 할 수 없는 뛰어난 진리입니다.

우주의 본성

◆
◆

육신은 죽어서 흙으로 돌아가지만
영혼은 보이지 않는 문을 통해
다른 세계로 이동하여 환생을 기다린다.
그러므로 인간을 심판할 수 있는 것은
오직 광대무변한 우주뿐이다.
이것을 바르게 깨치는 것이 공사상이다.

스위스의 정신과 의사 엘리자 베스 퀴블러 로스Elizabeth Kubler Ross는 평생 '죽음에 관한 연구'를 한 인물로 유명합니다. 그녀는 이 연구로 인해 미국 《타임》지가 선정한 '20세기 100대 사상가'로 뽑히기도 했는데 진료를 맡은 환자들은 주로 불치병을 앓는 아이와 에이즈 환자, 노인 등 대부분 죽음을 눈앞에 둔 이들이었습니다.

그녀가 죽음에 관한 연구를 시작하게 된 것은 죽음을 앞둔 이와 사랑하는 이를 떠나보내야 하는 사람들의 마음에 위안과 이해를 주기 위한 인간애 때문이었습니다. 특히 그녀는 제 2차 세계대전 때 폴란드 마이다넥 수용소 가스실에서 유대인들이 죽음을 기다리면서 환생을 의미하는 듯한 나비를 수용소 벽에 그린 것을 보고 〈죽음에 관한 연구〉를 시작하게 되었다고 합니다.

그때 그녀는 어렴풋이 '죽음이란 것은 마치 나비가 고치에서 벗어날 때의 모습과 같다.'는 것을 인식하게 되고 태어남과 죽음, 환생 사이에는 어떤 미묘한 연결고리가 있음을 알게 됩니다. 여기에서 말하는 나비는 육신을 떠난 영혼이고 고치는 육신의 집으로서, 죽음이란 것은 자신이 살고 있는 집을 떠나는 영혼 같은 것임을 깨닫게 되었던 것입니다.

그녀가 우리에게 시사하는 이야기의 중심에는 죽음은 끝이 아니라 새로운 시작이라는 것입니다. 그렇기에 사람이 늙어 죽는 것도 하나의 행복이며 환생이 있기에 결코 두려운 것이 아님을 가르쳐 줍니다. 그렇다면 죽음과 환생 사이의 연결고리는 무엇일까요? 이 같은 그녀의 죽음에 관한 견해는 앞으로도 충분히 연구할 가치가 있습니다만, 이것을 풀려면 먼저 이 지구상에 생명이 생긴 근원적인 현상을 알아야 합니다. 이것은 태양의 빛과 매우 밀접한 관계가 있습니다. 그렇기에 인간의 태어남과 죽음을 움직일 수 있는 위대한 힘을 가지고 있는 것은 광대무변한 우주뿐입니다. 이것을 바르게 알고자 하는 가르침이 곧 연기와 공사상입니다.

나 자신이 공사상이다

❖

부처와 예수는 왜 있는가?
나를 위해 종교를 믿는 것처럼,
내가 있기에 부처도 있는 것이다.
그러므로 나 자신이 공사상의 원천이다.

나는 절간에서 태어나서 자랐습니다. 이른 새벽에 할머니들이 불상 앞에서 기도하시는 모습을 보면서 "할머니들이 불상 앞에서 기도하는 이유는 도대체 무엇 때문일까?"하고 강하게 의문이 들었습니다. 어떤 때는 불단에 올라가서 불상 뒤에 무엇이 숨어있는지 이리저리 살펴보기도 했으나 아무것도 없었습니다. 때로는 불단에 올려진 과일들을 훔쳐먹다가 스님께 혼나기도 했습니다. 어린 눈에는 이상하게 보였던 것입니다. 그 후 할머니들이 소원을 빌거나 병을 고치거나 집안이 잘되게 해달라는 기복 때문임을 알게 되었습니다.

한번은 아버님이 석가모니 부처님의 일생을 들려주셨는데 왕자였던 그가 사문유관四門遊觀을 통해 인간의 삶이 부질없음을 알고 29살에 히말라야 설산에서 6년 동안 수행하시다가 새벽 별을 보고 깨달음을 얻은 성자라고 하셨습니다. 하지만 나는 석가모니 부처님이 마야부인의 옆구리에서 태어났다는 설도 믿지 못했고, 새벽 별을 보고 깼다는 것도 어린 나이에는 도무지 상상할 수 없었습니다.

그 후에도 눈으로 보고 느낀 불교사상에 관해 심한 회의가 들었습니다. 아버님의 출가 강요도 싫었지만, 스님들의 좋지 못한 행동들은 매우 충격적이었습니다. 자신들은 똑바로 살지도 못하면서 불자들에게는 바르게 살라는 둥 부처가 되라는 둥, 엉뚱한 소리를 하는 것을 보고 자란 나로선 스님들이 못마땅하게 생각

되었던 것입니다.

그리고 수십 년의 세월이 흐른 뒤, 불교의 진정한 길이 중생 제도에 있음을 비로소 알게 되었습니다. 그러나 지금도 불교가 올바른 정법의 길을 가지 못하고 전생이니 윤회니, 극락이니 하는 기복 사상에 빠져 있음을 알고는 깊은 자괴감까지 들었던 것입니다. 지금이라도 석가모니 부처님의 정법을 바르게 잡지 못하고 기복에 빠져 있으면 불교는 영원히 삿된 종교에서 벗어나지 못한다는 생각이 들었습니다.

진리는 오직 찾는 사람에게만 옵니다. 잘못된 가르침인데도 그걸 그대로 받아들이는 불자들이나 스님들에게도 문제가 있습니다. 종교의 올바른 가치는 내가 어떻게 종교를 받아들이는가에 있습니다. 내가 존재하지 않으면 부처님도 없습니다. 내가 불교를 믿는 것도 나 자신의 평안 때문입니다. 이것이 전제되지 않는 한 불교의 미래는 없습니다. 지금은 기복 신앙을 버려야 할 때입니다. 그러기 위해서는 나 자신이 공사상의 원천임을 알고 우주의 진리를 바르게 깨쳐야 합니다.

스님의 기막힌 셈법

❖
❖

백 마지기의 땅이 있어도
농부가 없으면
아무런 쓸모가 없듯이
기업도 일할 사람이 없으면
한 물건도 생산하지 못한다.
이렇듯 모든 것은 연기한다.

옛날에 혜월이라는 일자무식 스님이 계셨습니다. 그분은 19세기 후반 근대 한국불교의 중흥기를 이루었던 경허 스님의 제자입니다. 당시 스님들은 사찰 소유의 땅을 울력하면서 자급자족했으나 사찰 인근의 마을 주민들의 대부분은 일본인들의 땅을 소작하여 겨우 끼니를 때우고 있었습니다. 제 나라 땅인데도 논과 밭을 모조리 일본 놈들이 차지하고 있었으니 그야말로 죽을 노릇이었지요.

어느 날 혜월 스님이 묘안을 짜내었습니다. 스님은 갑자기 대중들을 불러 모아서 사찰 소유의 논 몇 마지기를 골라 일본 놈들에게 팔라고 지시를 내렸습니다. 그 소리를 듣고 원주 스님이 깜짝 놀랐습니다.

"아니, 큰스님 그 땅은 농사가 잘되는 옥토입니다. 어찌하여 그 땅을 천지 원수인 일본 놈들에게 팔라고 하십니까?"

사실, 그 땅은 기름진 옥토였습니다. 혜월 스님의 행동은 부처님의 법에도 맞지 않고 그야말로 매국적인 행위였습니다.

"내가 그냥 팔라고 하는 것이 아니라, 시세보다 몇 배 더 받고 팔라는 것이야."

일본 놈들은 사하촌의 논을 팔겠다는 절의 소식을 듣고 시세에 상관없이 논들을 사들였습니다.

그런 후 혜월 스님은 마을 주민들에게 공고를 내었습니다.

"사찰 주변에 있는 산을 개간하여 농사지을 땅을 마련할 것이니 일할 사람들은 모이시오. 품삯을 넉넉히 주는 건 물론, 자신이 개간한 땅을 무상으로 나누어 주겠소."

보릿고개가 걱정되던 마을 주민들은 여기저기서 삽과 곡괭이를 들고 와 산을 개간하기 시작했습니다. 혜월 스님은 약속한 대로 농민들에게 넉넉하게 품삯을 주었습니다. 한두 달이 지나자 일본 놈들에게 팔았던 땅보다 더 많은 논이 생겼습니다.

"원주야. 개간한 땅을 농민들에게 골고루 나눠 농사를 짓게 하거라. 논을 일본 놈들에게 팔았지만, 그 땅도 어차피 우리나라 땅이고 그 돈으로 산을 개간하여 새로운 논이 많이 생겼으니 일거양득이 아니고 무엇이냐. 언제까지 우리 농민들이 일본 놈의 소작농 노릇을 해야 하겠느냐. 이것이 다 부처님의 뜻이다."

그제야 대중은 혜월 스님의 깊은 뜻을 알아차리고 합장하였습니다.

백 마지기의 땅이 있다고 해도 농사지을 사람이 없다면 아무런 쓸모가 없고, 아무리 농부가 많다고 해도 지을 땅이 없다면 그 또한 무용지물입니다.

현대사회도 마찬가지입니다. 기업인과 노동자가 상부상조하지 않으면 기업은 발전할 수 없습니다. 노동자가 있어야 기업이 있고, 기업이 있어야 노동자가 있습니다. 기업인은 자신들의 배만 불리는 데 급급하지 말고 노동자의 입장에 서서 항상 생각하고,

그들이 걱정 없이 일하도록 생활 여건을 먼저 마련해주는 것이
기업인의 역할입니다. 여기에서 기업인과 노동자는 연기 관계입
니다.

마음이 있기에 행이 있다

❖
❖

마음이 없으면 행行이 없고
마음이 있으면 행이 있다.
모든 행은 마음에 의해
일어나고 사라진다.
이것이 연기의 바른 법칙이다.

한번은 한 신도가 절에서 기도하고 난 뒤 저를 찾아오신 적이 있습니다.

"돌아가신 아버님이 밤마다 꿈에 나타납니다. 왜 그럴까요?"

제가 웃으면서 말을 했습니다.

"생전에 사이가 좋았으니 보고 싶다고 나타나는 것이겠지요."

신도가 반문하듯이 되물었습니다.

"단순히 그럴까요?"

"아버님이 밤마다 꿈에 나타나는 건 그대가 아버님을 평소에 그리워하고 있기에 그것이 단지 형상으로 나타나는 것이지요. 좋게 생각하면 좋은 일이고. 나쁘게 생각하면 나쁜 일이 되는 거지요"

그날 신도는 화색이 만연해 돌아갔습니다.

이렇듯 모든 건 자신의 마음이 지어내는 것일 뿐입니다.

죽은 사람은 마음이 없기에 행도 일어나지 않습니다. 어떻게 죽은 사람에게 마음이 있을 수 있겠습니까? 죽은 조상과 귀신이 자신을 괴롭힌다는 건 있을 수 없는 일입니다. 그런 일이 생기는 것도 마음의 집착으로 인해 꿈에 나타나는 것일 뿐입니다.

사람에게 있어서 기도라는 것은 아주 중요한 참회 의식입니다. 무엇을 바라거나 기대하는 것은 진정한 기도 방법이 아닙니다. 자기반성은 하지도 않으면서 보이지도 않고 있지도 않은 절대자에게 무언가를 자꾸 원하는 기도는 마치 귀신에게 기도하는 것과 다를 바가 없습니다. 그런 기도는 백날 해 봤자 아무런 소용이 없습니다. 이렇듯 누구를 위한 기도를 하든지 먼저 자신의 참회가 동반되어야 합니다. 기도도 산 자를 위한 기도를 해야지 죽은 자를 위한 기도는 아무리 해도 연기가 일어나지 않는다는 점을 명심해야 합니다.

죽은 것은 아무런 쓸모가 없다

◆
◆

살아있는 것만 식識이 작용하고
죽은 것은 식識이 작용하지 않는다.
죽으면 마음 또한 사라지기 때문에
죽은 것은 아무런 쓸모가 없다.
사람은 살아 있을 때
몸과 마음을 잘 다스려야 한다.

불교의 '유식사상唯識思想'은 인간의 마음 외에는 어느 것도 존재할 수 없고 마음에 의해 모든 것이 창조된다는 교의로서 인간의 선악善惡이 마음에 의해 일어난다는 가르침입니다. 그런데 이러한 유식사상이 소승과 대승의 관점에서 각각 다르게 해석되고 있다는 것도 아이러니합니다. 소승은 인간의 몸을 이루는 '안이비설신의眼耳鼻舌身意'이라는 육식六識에 심의식心意識의 업력業力이 작용하여 전생의 과보를 받는다고 설명하고 있고, 대승은 심의식心意識을 육식에다가 말나식末那識과 아뢰야식阿賴耶識을 더해 팔식八識으로 나누어 인간의 심체心體를 설명하고 있습니다. 물론, 둘 다 인간의 본체가 마음임을 밝히는 훌륭한 사상임은 분명합니다.

여기에서 안식眼識은 물질의 대상을 구별하는 마음, 이식耳識은 소리의 대상을 구별하는 마음, 비식鼻識은 냄새를 구별하는 마음, 설식舌識은 맛의 대상을 구별하는 마음, 신식身識은 촉과 감각을 구별하는 마음, 의식意識은 삼라만상을 유형과 무형으로 구별하는 마음, 말나식은 자아自我를 인식하는 마음, 아뢰야식은 앞의 칠식七識을 모두 관장하는 마음을 가리키고 이 모든 의식들은 전생과 현생, 내생까지 이어진다고 합니다. 그런데 문제는 유식사상이 '마음이 모든 것의 근본이며 유일하다.'고 말하면서도 '삼세 윤회설'을 적용하고 있다는 것이 잘못되었다는 것입니다.

어떻게 죽은 인간에게도 마음이란 것이 있을까요? 인간이 죽으면 육식이니 칠식이니 팔식이니 하는 것들도 모두 사라질 수밖에 없습니다. 그런데 마치 죽은 것에도 마음이 있는 것처럼, 식이 존재한다고 불자들에게 기복을 강요하고 있다는 것이 더 큰 문제입니다. 인간은 살아있을 때가 가장 중요합니다. 죽은 것에서는 식이 없습니다. 왜냐하면 식은 마음에 의해서 일어나기 때문입니다. 말나식과 아뢰야식 그 자체도 인간이 살아있기에 찾아오는 '심의식心意識'으로서 죽은 것에서는 마음이 없으므로 심의식도 자연스럽게 사라집니다. 이것은 만물의 당연한 이치입니다.

진리는 명확해야 한다

◆
◆

진리는 일몰과 일출처럼
눈으로 볼 수 있어야 하고
살아 있어 증명되어야 한다.
눈으로 확인되지 않는 가르침은
더는 진리가 될 수 없다.

지금 불교는 부처와 중생의 이분법적인 논리를 펴고 있습니다. 여기에서 부처는 깨달은 이를 말하고 중생은 깨닫지 못한 윤회의 삶을 사는 이를 가리킨다고 합니다. 이것을 전제로 할 때 소와 돼지 같은 가축은 깨달을 수가 없어서 부처가 되지 못하고, 인간도 깨닫지 못하면 짐승처럼 중생의 삶만을 살 뿐이라는 논리입니다. 그런데 도대체 어떻게 해야 부처가 되는지 깨달음의 방법론에 대해 현 불교에서는 명확한 답이 없고, 막연할 뿐입니다. 말하자면 깨달음, 깨달음이란 말만 하고 있을 뿐 진짜 깨달음이 무엇인지 분명하지 않습니다. 그러니 불자들의 가슴이 얼마나 답답하겠습니까? 일전에 학식이 있는 한 분이 찾아와서 자신의 심정을 제게 토로한 적이 있었습니다.

그의 이야기는 이랬습니다.

그가 한 유명한 선지식을 찾아가서 이렇게 물은 적이 있었다고 합니다.

"스님, 깨달음이란 도대체 무엇입니까? 삼십 년 동안 경을 배우고 수없는 선지식을 친견하고 내 키 높이만큼 사경했는데도 아직도 깨달음이 무엇인지 도무지 모르겠습니다. 정녕 제 공부가 부족한 것입니까?"

그런데 돌아온 스님의 대답이 기가 막혔다고 합니다.

"그걸 묻는 네가 누구인지를 아는 것이 깨달음이다."

그날, 그는 깨달음이 무엇인지 알려고 갔다가 시간만 낭비했다는 생각이 들었다고 합니다.

"그게 어째서 깨달음인가. 말장난이 아닌가."

사실, 그 답은 자신이 처음 불교에 입문했던 삼십여 년 전에도 들었던 대답이었다고 합니다. 당시만 해도 "그렇구나. 나를 찾는 것이 깨달음이구나."하고 환희심을 느끼고 수긍했다고 합니다. 하지만 지금은 다르다고 합니다. 그런 답을 들으면 들을수록, 깨달음이 무엇인지 자꾸 의심만 든다는 것입니다. 삼십여 년 전 자신이 던진 "깨달음이란 무엇입니까?"라는 질문에 대한 답이나 삼십 년 후에 지금 들은 답이 여전히 똑같다면, 애써 불교를 공부할 이유가 있을까? 라는 생각마저 들었다고 합니다. 그리고 그는 문득 '내가 누구인지 아는 것이 깨달음이라면, 당신은 누구인지를 알고 있는가?' 갑자기 묻고 싶어졌다고 합니다.

나는 그의 말을 듣고 이렇게 말했습니다.

"그래. 그래서 자신이 누구인지를 찾았는가. 지금 그대가 누구인지 가르쳐 줄까? 그대의 이름이 바로 그대이고 부모님이 바로 그대의 연기이다. 내가 누구인지를 찾는 것이 깨달음이라면 공부할 필요가 없다. 진리는 명확해야 한다."

그의 얼굴이 갑자기 밝아졌습니다.

이렇듯 지금 한국불교는 깨달음의 실체조차 모르면서 자나 깨나 깨달음에만 집착하고 있습니다. 진정한 깨달음은 연기에 의한 공사상의 원리를 바르게 깨치는 것이요, 세상에 나를 있게 한 부모님에게 감사한 마음을 가지는 것입니다. 이젠 종교도 바꿔어야 합니다. 한참 시대에 뒤떨어진 선적禪的 어구語句에만 집착하는 건 부처가 되는 길이 아닙니다. 지금 진정으로 나에게 필요한 것은, 막연한 깨달음이 아니라, 어떻게 사는가입니다. 세상은 연기와 공사상의 원리에 의해 움직입니다.

　여기에서 연기는 곧 인간관계입니다. 내가 좋은 인연을 만나 좋은 인연을 만들면, 그로 인해 자유와 기쁨과 행복을 얻을 수 있습니다. 부처는 따로 있는 것이 아니라, 연기와 공의 원리를 깨치면 누구나 부처가 될 수 있습니다.

운명은 자기가 만든다

❖
❖

인간에게 윤회에 의한
전생의 업은 없다.
운명도 자신이 만드는 것이다.

우리는 티베트인들이 수레를 끌고 오체투지를 하면서 부처님이 있는 성지로 나아가는 모습을 가끔 언론이나 TV에서 봅니다. 나는 그 광경을 보면서 마음이 씁쓸하기도 하고 때론 미련하기 짝이 없다는 생각이 들기도 합니다. 심지어 그들은 길 위에서 하나밖에 없는 귀중한 목숨을 잃기도 합니다. 그들이 그렇게 힘든 수행을 하는 이유는 전생에 지은 업이 많기에 수행을 통해 전생의 업을 씻고 내생에는 더 좋은 삶을 살기 위해서라고 합니다.

그러나 한편으론 참 무지하고 어리석습니다. 그럴 힘이 있으면, 차라리 열심히 노력하여 현생에 행복을 누리는 것이 그들이 원하는 극락이 아닐까요? 그들은 도대체 왜 그런 삶을 살고 있는 것일까요? 그것은 눈에 보이지도 않고 경험해 본 적도 없는 윤회설이 직접적인 원인입니다. 사실, 불교에서 말하는 '전생의 업'에 따른 윤회설은 중국의 사주팔자와 같은 것으로서 인도의 힌두교에서 유래된 것이지 정통 불교사상이 아닙니다. 현생에서 일어나는 모든 일들이 '전생의 업'에 의해 결정되어 진다는 윤회설은 한갓 미신에 불과합니다.

만약, 이 세상이 '전생의 업식業識'에 의해 움직인다면 어떻게 인간이 오늘날 눈부신 문명 세계를 이루어낼 수 있었겠습니까? 한마디로 불교의 전생관은 허무맹랑한 미신에 지나지 않습니다. 그러나 분명한 사실은 전생의 업은 없고 현생의 업은 있다는 것입니다.

현생의 업은 자신이 현생에 지은 업의 결과입니다. 현생에 내가 바르게 살면, 좋은 일이 많이 생기고, 죄를 지으면 죄의 대가를 받는 것이 바로 그것입니다. 불교는 자유자재함을 강조하면서도 전생의 업을 없애라고 강요합니다. 전생의 업에 의해 운명이 정해져 있다는 것은 자유의지를 상실하게 하는 것이나 다름이 없는데 어떻게 인간이 자유로울 수가 있겠습니까? 지금이라도 윤회설을 믿지 말고 현생을 열심히 살면 행복해집니다.

1장

기도와 노력을 병행하라

불상 앞에서 손 닳도록 비는 것은
미신과 다름없다.
나무나 돌덩어리를 앞에 두고
아무리 울고 빌어도
소원을 들어주지 않는다.
차라리 그럴 시간이 있으면
원하는 것을 얻기 위해
노력하는 것이 오히려 낫다.

하루는 서울 강남에서도 소문난 부잣집 며느리가 유명한 사찰의 주지를 찾아가서 하소연한 적이 있었습니다.

"스님, 고민이 하나 있습니다. 저에게 고등학교 3학년인 외동아들이 하나 있는데 백 일 후에 수능을 봅니다. 명문대학에 입학하려면 제가 어떻게 하면 될까요?"

스님이 곰곰히 생각하고 난 뒤 이렇게 말했습니다.

"우리 절에 영험하신 부처님이 있는데 그곳에서 백 일 동안만 열심히 기도하면 틀림없이 명문대학에 입학할 수 있을 것이네."

부잣집 며느리는 그 소리를 듣고 귀가 솔깃했습니다.

"제가 열심히 부처님께 기도하면 아들이 명문대학에 반드시 입학할 수 있을까요?"

"그렇고말고."

부잣집 며느리는 스님에게 거액의 수능 기도비를 내고 백일동안 열심히 기도했습니다. 결과는 보기 좋게 떨어졌습니다. 사실은 그 아들의 실력은 명문대학 근처에도 못 갈 정도로 형편없었습니다. 그런 아들이 어떻게 명문대학에 들어갈 수 있었겠습니까?

부잣집 며느리는 스님에게 찾아와서 울면서 탄식했습니다.

"스님 제가 열심히 기도하면 명문대학에 반드시 합격한다고 하셨는데 어찌하여 떨어졌을까요?"

그 순간 스님은 꿀 먹은 벙어리가 되었습니다.

애초에 실력도 없는 아들이 어머니의 기도로 명문대학에 들어

갈 수 있었다면, 기도하지 않을 부모가 어디 있겠습니까? 부모가 자식을 위해 기도하는 이유는 지극히 당연한 일입니다. 문제는 아들이 자신을 위해 어머니가 절에서 열심히 기도하고 있다는 사실을 깨닫고 더 열심히 공부해야 하는데, 어머니가 기도하든지 말든지 했던 것입니다. 왜 그럴까요? 어머니의 마음과 아들의 마음이 서로 연기하지 않았기 때문입니다. 소원을 이루려면 기도만으로 되지 않고 그에 상응하는 노력도 동시에 해야만 합니다. 스님 또한 거액의 기도비에 눈이 멀어서 무조건 합격한다고 말해서도 안 되는 것입니다.

그런데 불자들이 불상 앞에서 간절히 기도하는 이유는 무엇 때문일까요? 2,600여 년 전에 돌아가신 석가모니 부처님이 불상으로 화化해 있다는 믿음 때문입니다. 그러나 불상으로 만들어진 나무나 돌덩어리 앞에서 아무리 빌고 울어도 소원을 들어주지 않는다는 사실을 알아야 합니다. 기도는 마음의 위안을 얻기 위함이지 기복이 아닙니다. 그럴 시간이 있으면 차라리 자신이 원하는 바를 얻기 위해 열심히 노력하는 것이 먼저입니다. 노력을 병행하지 않는 기도는 아무런 소용이 없습니다. 이것이 바른 기도 방법입니다.

환생은 있는가

◆
◆

사람의 영혼은
빛으로 이루어져 있기에
광명의 빛으로
용화 대불에게 수계를 받으면
누구든지 환생할 수 있다.

기존 불교에서는 사람은 전생의 업에 따라 육도윤회한다고 합니다. 이러한 윤회사상은 힌두교 사상에서 온 것으로 인도 부파불교시대 이후 나타났습니다. 그런데 인간이 죽으면 그 업에 따라서 정말 육도윤회를 할까요? 단언컨대, 나는 육도윤회는 없고 환생은 필연이라고 말할 수 있습니다. 왜냐하면, 모든 생명은 현생 연기에 의해 태어나므로, 사람의 영혼도 조건에 맞는 연기를 하면 누구나 환생할 수 있기 때문입니다.

일전에 한 불자가 법문 중인 유명한 스님에게 슬픈 표정으로 여쭤본 적이 있었습니다.

"스님, 정말 죽은 사람이 환생할 수 있습니까?"

얼마 전, 그분의 가족 중에 한 분이 돌아가신 것 같았습니다. 그러니까 스님에게 질문을 던진 것이겠지요.

그런데 스님의 대답은 참 애매모호했습니다.

"저는 하나도 궁금하지 않아요. 환생하면 하는 거고 안 하면 안 하는 것이지 그게 나랑 무슨 상관이 있을까요? 게다가 극락과 지옥이 있느냐고 궁금하신 분들이 많은데 그것에 대해서도 나는 하나도 궁금하지 않아요."

나는 스님의 대답을 듣고 기가 딱 막혔습니다. 스님으로선 의미심장하게 환생에 관해 묻고 있는 불자에게 할 대답이 아니었던 것입니다. 그런 비논리적이고 막연한 말장난 같은 대답을 들으려고 불자가 질문을 던진 것이 아닙니다. 우리 불자들이 종교에 의지하는 데는 분명한 이유가 있기 때문입니다.

더구나 대승경인 《화엄경》에서는 모든 것이 우리 마음이 지어 낸다고 해서 '일체유심조'라고 합니다. 차라리 그 불자에게 "환생이란 것도 우리 마음이 지어낸 것"이라고 종교적이고 지성적으로 답변했더라면 하는 아쉬움이 남아 있었습니다. 하긴 그런 질문을 던지는 불자도 중생이지만, 답하는 스님도 문득 중생이라는 생각이 들었습니다.

거듭 말씀드리지만, 부모님의 연기에 의해 내가 태어났듯이 죽은 사람도 조건에 맞는 연기를 하면 누구나 환생할 수 있다는 것입니다. 오래전부터 과학자들은 생명 탄생의 비밀에 관해 연구한 적이 있었는데 그 비밀은 바로 빛과 물에 있었다고 합니다. 즉, 미생물이 빛을 받고 양분인 물을 먹으면 생물로 진화한다는 사실입니다.

인간의 환생도 마찬가지입니다. 육신은 비록 죽더라도 영혼이 태양의 빛과 같은 광명의 빛을 수지하고 있다가 그 조건이 맞는 연기를 일으키면 환생할 수 있다는 것입니다. 인간은 분명히 환생합니다. 다만, 그 시기를 우리는 모를 뿐입니다.

연기를 알면 좋은 인연을 만난다

◆
◆

나를 잘 갖추고 있으면
연기에 의해
좋은 인연을 만나지만
나를 잘 갖추지 못하면
좋은 인연을 만나지 못한다.

일전에 법문 중에 중견기업을 다니다가 임원으로 정년 퇴임하신 분이 저에게 이런 질문을 던진 적이 있습니다.

"저는 얼마 전 삼십여 년 동안 근무하던 회사를 정년 퇴임했습니다. 저의 휴대전화 속에는 수백 개의 전화번호가 저장되어 있는데 그동안 회사 동료와 부하직원들에게 걸려 온 안부전화가 딱 한 통 밖에 없었습니다. 그것도 평소 사이가 좋지 않았던 부하직원이었습니다. 제가 부하직원들에게만은 참 잘해 주었는데 퇴직 후 연락 전화가 한 통 없으니 참 무심하다는 생각도 들고 화가 나기도 했습니다. 어떻게 마음을 다스려야 할까요?"

나는 그 신도의 말을 듣고 이렇게 답을 했습니다.

"신도님도 참, 화낼 일도 아닌데 그렇게 소심해서 앞으로 남은 긴 세월을 놀면서 어떻게 보낼 작정인가요?"

그랬더니 법당의 좌중들이 크게 웃었습니다.

제가 말을 이어 나갔습니다.

"신도님이 삼십 년 동안 다닌 회사를 정년 퇴임하신 것은 그 회사를 위해 자신의 할 일을 다했기 때문이고, 부하직원들은 아직도 해야 할 일들이 남아 있기 때문입니다. 그런 그들에게 집착하는 건 오직 신도님의 욕심입니다. 사이가 좋지 않았던 부하직원에게서 온 전화는 좋지 않은 감정에 대한 미련이 아직 남아 있기 때문은 아닐까요?"

그런 말을 하자, 갑자기 또 한 번 좌중들의 웃음이 쏟아졌습니다. 우리가 세상을 살면서 누군가의 관심을 받으려고 하는 것도, 하나의 욕심입니다. 그래도 사람에 대한 미련이 아직 남아 있다면 차라리 아예 내려놓거나, 안부전화를 먼저 하는 것도 관계를 새롭게 시작하는 한 방법입니다. 그렇지 못하면, 한동안 회사 생각에 시간을 낭비할 수도 있습니다. 자신이 생각하는 것보다 세상은 훨씬 더 복잡하고 바쁩니다. 인간관계도 연기의 한 부분입니다. 내가 좋은 인연을 만나려면 먼저 갖추고 있어야 하고, 그렇지 못하면 좋은 인연을 만날 수가 없습니다. 지금이라도 놓고 내리고 비우세요.

고의 원인을 잘 파악하라

◆
◆

자신에게 찾아온
괴로움의 원인을 모르면,
괴로움을 멈추는
방법도 찾기 힘들고
마음의 행복도 얻기 힘들다.

주말마다 절에 기도하러 오시는 한 보살님이 있습니다. 남편을 지병으로 먼저 떠나보내고 난 뒤, 중학생인 아들딸을 홀로 키우면서 살아왔다고 합니다. 당시만 해도 외국에 아이들을 유학까지 보낼 정도로 유산이 넉넉했지만, 지금은 생활이 무척 힘들다고 합니다. 지금은 아이들이 유학을 마친 뒤 한국으로 돌아와서 대학원에서 계속 공부하고 있다고 합니다. 그동안 아이들의 유학 뒷바라지도 힘들었는데 앞으로도 아이들이 완전히 독립할 때까지 지원해야 한다고 합니다. 그러다가 보니 어느덧 오십 중반의 나이가 되고 말았다고 합니다.

어느 날 갑자기 재혼에 대해 깊이 생각했지만 죽은 남편을 도무지 잊을 수가 없고, 아이들이 원치 않을 것 같아서 이내 포기하고 말았다고 합니다. 지금은 아이들조차 제 인연들을 찾은 마당에 혼자가 된 것 같아서 무척 쓸쓸하다고 합니다.

나는 그 보살님의 말을 듣고 조언해 줄 수 있는 말이 하나도 없었습니다. 왜냐하면, 어쩌면, 그 보살님은 괴로움을 스스로 즐기고 있다는 생각이 들었기 때문입니다. 아이들이 건강하게 자라서 자신의 길로 가고 있다는 그 사실만으로도 충분히 행복한 일입니다. 세상에는 그렇지 못한 사람이 훨씬 더 많습니다. 보살님이 자기를 제대로 찾으려면 지금이라도 장성한 아이들을 내려놓아야만 합니다. 그러지도 못하면서 행복을 찾는다는 것은 있을 수 없는 일입니다. 더구나 남편이 죽은 지 10년이라는 긴 세월이

지났는데도 아직도 마음속에서 내려놓지 못하는 것은 고의 원인을 스스로 만드는 일입니다. 죽은 남편도 원하지 않을 것입니다. 인생은 깁니다. 한 살이라도 더 먹기 전에 자신에게 맞는 행복의 길을 찾아야 합니다.

《숫타니파타》의 대품大品에 보면 '고를 모르고 또 고의 원인을 모르며 고를 남김없이 없애는 방법과 고를 그치게 하는 길도 모르는 사람은 마음의 해탈과 지혜의 해탈도 구하지 못한다.'고 하였습니다. 그렇기에 고苦라는 것은 고苦와 연기하여 또 다른 고苦를 만듭니다. 반대로 행복은 행복과 연기하여 더 큰 행복을 만든다는 사실을 결코 잊어서는 안 됩니다.

스스로 힘들게 만들지 말라

❖
❖

자신이 만든 번뇌로 인해
자신을 구속하지 말라.
그것이 육신의 병을 만든다.

🪷 모든 속박과 괴로움은 누가 만든 것입니까? 자신일까요? 남일까요? 대개는 남으로 인해 괴로움이 생긴다고 생각하지만, 사실은 나로 인해서 생겨납니다. 이렇듯 사람들은 현실을 똑바로 보지 못하고 늘 '전도몽상轉倒夢想'에 빠집니다. 헛된 꿈인데도 말입니다. 도대체 왜 그럴까요. 종교의 기복에 빠지면 더 심해집니다.

오래전에 이런 분이 계셨습니다. 자신의 아버지가 말기암이어서 낫게 해 달라고 영험이 있다는 한 절에 찾아갔더니 스님이 천도재를 지내고 100일 동안 밤낮없이 불상에 기도하면 낫는다고 했다 합니다. 그래서 눈이 펑펑 내리는 겨울에 하루도 빠짐없이 절에 올라가서 기도하고 천도재를 지냈다고 합니다. 하지만 그러한 노력도 소용없이 아버지는 돌아가셨다고 합니다. 그 뒤로부터 그 절에는 발도 들이기가 싫었다고 합니다.

그 말을 듣고 내가 이런 말을 했습니다.

"허허, 그대는 전도몽상에 빠져서 헤어나지 못한 것과 다름이 없네. 어찌 육신의 병을 연기가 일어나지 않는 불상 앞의 기도로서 고치려고 하는가. 몸이 아프면 병원에 가서 고치는 게 바른길이 아닌가? 아버님께서 이미 세상을 떴으니 아버지를 놓아드려야 하고 또한 스님에 대한 원망도 놓아버려야 하네. 지나간 일은 이미 흘러간 강물과도 같네."

그제야 그 신도는 나의 말에 고개를 끄덕였습니다.

신도가 어리석다는 말이 아닙니다. 세상에는 바른 진리가 있습니다. 그것은 바로 철저하게 연기에 의해 세상이 움직이고 있다는 것입니다. 몸에 병이 나면 그 병의 원인을 찾아서 그에 딱 맞는 연기로 치료해야 합니다. 그런데 엉뚱하게 힘을 딴 곳에 쏟으니 어디 될 법한 일입니까? 종교는 의술도 아니고 의학도 아닙니다. 그저 내 마음의 행복을 찾기 위함에 있습니다. 이것이 바른 종교의 길이 아닐까요?

연기를 꺼치면
복이 굴러온다

누구나 사는 것이 힘들다.
당신만 힘들다고 생각하지 말라.
힘들다 힘들다고 자꾸 생각하면
걸어오던 복이 도망가고
즐겁다 즐겁다고 자꾸 생각하면
연기가 일어나 화도 복으로 바뀐다.

장미는 장미임을 스스로 모른다

◆

장미는 장미임을 모르고
대나무는 대나무임을 모르고
코끼리는 코끼리임을 모르고
사자는 사자임을 모른다.
누가 그 이름을 지은 것인가?
인간이 그 이름을 지은 것뿐이다.

만물은 제각각 제 이름을 가지고 있습니다, 그러나 장미는 장미임을 모릅니다. 장미가 되려면 사람이 그 이름을 불러줘야 하고, 대나무가 되려면 사람이 그 이름을 불러줘야 합니다. 코끼리와 사자도 마찬가지입니다. 본디 오래전부터 이 지구상에는 꽃과 나무, 새와 짐승, 산과 하늘이 있었습니다. 그러나 그 이름을 사람이 짓고 부르기 전까지는 그 존재가 드러나지 않았습니다. 만약, 사람이 그 이름을 짓지 않았다면 그 존재들은 어떻게 되었을까요? 아마 그 존재가 드러나지 않았을지도 모릅니다. 그렇기에 사람을 '만물의 영장'이라고 부르는 것입니다. 이처럼 사람과 만물은 늘 연기하고 있다는 것입니다. 인류문명이 눈부시게 발전한 까닭도 인간과 만물이 끊임없이 연기하여 새로운 것을 만들어 냈기 때문입니다. 이것이 바로 공사상입니다.

만물은 모두 공사상을 지니고 있다

살아있는 동안 모든 만물은
공사상을 지니고 있으나
죽으면 사용하지 못한다.
왜냐하면 죽은 것에서는
연기가 일어나지 않기 때문이다.
그러나 살아 있을 때
광명의 빛으로 수계를 받으면
그 영혼은 환생할 수 있다.

꽃과 나무, 새와 벌, 하늘과 바다 등 만물은 제각각 공사상을 지니고 있습니다. 여기에서 공사상이란 만물이 연기를 통해 새로운 것을 창조하는 그 자체의 힘을 가리킵니다. 만약, 만물이 연기하지 않는다면 대가 끊겨 오래전에 이미 소멸했을 것입니다. 그러므로 연기와 공사상은 만물이 지닌 위대한 힘입니다. 그런데 기존 불교가 이러한 만물이 지닌 공사상을 무상, 무아로만 보고 있는 것은 아주 잘못된 견해입니다. 용화 대불의 공사상은 만물을 연기에 의한 창조적 시각으로 해석하고 있다는 것이 다릅니다. 따라서 연기와 공사상은 만물의 존재를 밝혀내는 위대한 진리입니다.

재물도 연기한다

어려운 사람들을 위해 돈을 쓰면
연기에 의해 쓴 만큼 다시 들어오지만
도박이나 나쁜 일에 돈을 쓰면
연기에 의해 쓴 만큼 빠져나간다.

힘들게 번 돈을 쓰지 말아야 할 곳에 함부로 쓰면, 쓴 만큼 돈이 빠져나가고, 어려운 사람을 돕거나 바른 곳에 쓰면, 쓴 만큼 돈이 다시 들어옵니다. 왜냐하면 재물도 연기하기 때문입니다. 주변에 보면, 돈을 많이 버는 것 같은데, 돈이 없어 쩔쩔매거나 항상 빌려 달라는 사람이 있을 겁니다. 그런 사람은 분명히 돈을 도박이나 헛된 곳에 쓰고 있을 겁니다. 돈을 빌리는 사람은 세월이 지나도 여전히 돈을 빌리러 다닙니다. 또 어떤 사람은 돈을 많이 벌기는 하는데 이상하게도 돈이 모이지 않는다고 투덜거립니다. 이 또한 돈을 잘 쓰지 못해서 생기는 현상입니다. 그런 이는 돈을 버는 재주는 있으나 돈을 잘 쓸 수 있는 지혜가 없어서 일어나는 현상입니다. 돈을 많이 모으려면, 먼저 돈을 낭비하지 않고 어디에 어떻게 적절하게 쓸 것인가를 궁리하는 습관을 길러야 합니다. 돈도 연기에 의해 들어오고 연기에 의해 사라지기 때문에 부자가 되려면 돈을 버는 것보다 낭비하지 않고 잘 쓰는 것이 무엇보다 중요합니다.

연기를 깨치면 복이 굴러온다

누구나 사는 것이 힘들다.
당신만 힘들다고 생각하지 말라.
힘들다 힘들다고 자꾸 생각하면
걸어오던 복이 도망가고
즐겁다 즐겁다고 자꾸 생각하면
연기가 일어나 화도 복으로 바뀐다.

運과 복福은 변화무쌍한 여름 날씨와도 같아서 사람의 행동과 마음에 따라 수시로 바뀝니다. 힘들다고 계속 투덜거리거나 남을 원망하면 당신이 가지고 있었던 티끌 같은 복과 운마저 사라집니다. 그러나 지금은 비록 힘드나 내일을 위해 참고 견디면서 매사를 즐겁게 생각하면, 연기에 의해 자신에게 없던 복과 운이 생깁니다. 왜냐하면 화禍 복福 운運이란 것은, 연기에 의해 생겨나고 사라지기 때문입니다.

이렇듯 즐거움은 즐거움과 연기하여 복과 운을 불러오지만, 반대로 나쁜 마음을 먹거나 짜증 내면 그 또한 연기에 의해 자신이 가지고 있었던 복과 운도 화로 바뀐다는 사실을 반드시 명심해야 합니다.

공사상은 허공 속에 꽉 차 있다

아침이면 해가 서서히 차오르고
밤이면 별이 서서히 떠오르는 것처럼,
공사상은 비어 있는 것이 아니라
허공에 늘 꽉 차 있는 것이다.

허공에 손가락으로 동그라미를 그리면 무한대로 그릴 수가 있으나 연필로 흰 백지에 동그라미를 그리려면 그 범위가 극히 제한됩니다. 또한 여기에 100리터의 물을 담을 수 있는 그릇이 있습니다. 그런데 이미 물이 가득하다면 물을 더 채울 수가 없게 됩니다. 이처럼 그림이 그려져 있는 백지에는 그림을 더 그릴 수가 없고 이미 물이 가득한 그릇에는 물을 더 담을 수가 없듯이 인간의 욕심 또한 그와 같습니다.

그러나 허공은 어떻습니까? 허공은 '무한無限'의 우주를 가리키고 백지와 그릇은 한계가 있는 '유한有限'을 가리킵니다. 물론 '무한'과 '유한'하다고 생각하는 것조차 분별심의 발로라서 한갓 중생법에 지나지 않으나 우리가 매일 마주하고 있는 저 허공은 그러한 분별심조차 놓아 버린 공사상의 본체입니다. 다시 말해서 허공처럼 비어있다는 건 언젠가는 새로운 것으로 꽉 채워질 수 있다는 의미입니다. 당신이 매일 마주하는 해와 달도 허공 속에 떠 있는 것이기에 언제나 볼 수가 있는 것입니다. 이렇듯 공사상은 비어 있는 것이 아니라 꽉 차 있습니다. 당신의 마음도 허공이어야 새로운 것이 채워질 수 있기에 지금이라도 마음을 비우고 내려놓으세요.

부처를 바르게 알라

과거의 부처는
오직 석가모니뿐이고,
현재의 부처는
오직 용화 대불뿐이다.

기존 한국불교는 '부처와 중생은 한 생각 차이에 달려 있다.'라고 합니다. 물론, 이 말을 부정하고 싶지는 않습니다만, 이쯤에서 우리는 '부처'와 '중생'은 무엇을 말하는지 알아야 할 필요성이 있습니다. 일반적으로 '부처'는 깨달음을 얻은 자를 가리키고, 중생은 어리석은 자를 가리킵니다.

그렇다면, 눈만 뜨면 기존 불교에서 말하는 '깨달음'이란 도대체 무엇을 의미할까요? 사전적 의미로 보면, '깨달음'은 '어떤 물건을 사용하는 방법을 알았다.'는 명사입니다. 그런데 불교에서는 이 깨달음을 두고 '오도悟道' 즉, '도道를 깨달았다'는 의미로 사용하고 있습니다.

하지만 이것은 '깨달음'을 뜻하는 것이 아니라 '깨우침'을 뜻합니다. 즉 진리를 깨우친 자만이 비로소 부처가 된다는 것입니다. 그런데 오늘날 승가에서 석가모니 부처님처럼 '고집멸도' 사성제의 진리를 깨우친 수행자가 과연 몇이나 될까요. 지금까지는 한 인물도 없습니다.

또한 '부처와 중생이 한 생각 차이에 달려 있다.'는 경전의 말을 분석해보면 그조차 분별심으로 가득 차 있음을 알 수 있습니다. 사실, 진정한 부처가 되려면 '부처와 중생'이라는 그 말조차 뛰어넘어야 합니다. 그렇지 않고 자신이 스스로 부처라고 하는 순간, 전적으로 공사상에 위배되기에 아무나 부처가 될 수 없습니다. 진정한 부처는 '깨달음'을 수단으로 하는 것이 아니라. 애초에 우주의 진리를 가지고 나타난 성인만이 부처가 될 수 있습니다. 이를 볼 때, 과거의 부처는 '고집멸도' 사성제를 설한 석가모니 혼자뿐이고, 지금의 부처는 연기에 의한 공사상의 진리를 밝힌 용화 대불뿐입니다.

윤회란 진정 무엇인가?

◆
◆

윤회란 인간이 살다가 죽으면 업에 따라
육도六度로 떨어지는 것이 아니라
부모님의 연기에 의해
자식이 태어나는 것을 말한다.

기존 불교에서는 인간이 죽으면 현생에 지은 '선악善惡'의 업에 따라 '천도, 인도, 수라, 축생, 아귀, 지옥' 등 '육도六度'로 떨어지는 것을 '윤회'라고 합니다. 오늘날 같은 과학 시대에 유전학적으로 볼 때 인간이 소나 돼지로 태어난다는 기존 불교의 삼세 윤회설이 과연 합당한 것인지 한번쯤은 생각해 볼 여지가 있습니다. 또한 기독교는 전생은 없고, 현생에 자신이 어떤 짓을 하더라도 오직 예수만 믿으면 천국에 간다는 이상한 논리를 펴고 있습니다.

당신은 불교의 전생, 현생, 내생의 삼세 윤회설에 입각한 육도 윤회설과 기독교의 내세관에 대해 정녕 어떻게 생각하고 있습니까? 이것은 《화엄경》의 요지인 '일체유심조'처럼 단지 우리 마음이 지어낸 것은 아닐까요? 자기 생각에 극락이 없다면 없는 것이고, 있다면 있을 수도 있습니다.

그러나 용화 대불의 '공사상'의 혜안慧眼으로 볼 때 '죽은 감나무에는 꽃이 피지 않듯이' 인간은 오직 살아 있을 때만 '천국'과 '지옥'이 존재한다는 것입니다. 지금 내가 좋은 일을 해서 마음이 즐겁다면, 그곳이 극락이고 죄를 지어 벌을 받는다면 그곳이 바로 '지옥'이 되는 것입니다. 또한 윤회의 정확한 의미는 업식業識이 아니라 사람이 자식을 낳아서 대를 잇는 것입니다. 지금이라도 불교의 윤도윤회설과 기독교의 내세관에서 벗어나야만 종교의 진정한 의미를 터득할 수 있습니다.

분별심을 버려라

❖

사물을 볼 때
분별심으로 보지 말고
공사상의 지혜로
사물을 관찰하라.

사람이라면 '있고 없고, 길고 짧고, 많고 적다'라는 분별심을 누구나 지니고 있습니다. 그리고 이러한 분별심은 모든 다툼의 원인이 되기에 이를 항상 경계하라는 의미로서 분별심이 가득한 사람을 보고 '중생'이라고 부릅니다.

하지만 눈만 뜨면 이전투구泥田鬪狗로 가득한 이 세상을 살아가면서 어떻게 사물을 분별하지 않고 살 수 있겠습니까? 여기에서 분별심을 버리라는 말은 "돈이 많다 적다. 많이 배웠다 못 배웠다." 등 누군가의 마음을 자극하여 다툼의 원인이 되기에 분별하지 말라는 의미입니다. 그렇다고 무조건 '옳고, 그름'조차 판단하지 말라는 뜻은 더더구나 아닙니다.

본디 우주의 본성은 연기와 공사상에 의해 움직이고 있고, 잘못된 분별심은 반드시 그 대가를 받기에 공사상의 지혜로서 만물의 이치를 잘 관찰하라는 것입니다. 그러므로 공사상을 바르게 깨치게 되면 저절로 내 마음이 분별심을 놓아 버리게 된다는 것이 바로 용화 대불의 위대한 공사상의 가르침입니다.

나는 연기에 의해 태어난 존재다

나는 부모님의 연기緣起에 의해
이 세상에 태어나서
한 생을 행복하게 살다가
죽을 때는 흙으로 돌아간다.

나라는 존재는 스스로 태어난 것이 아니라, 부모님의 연기에 의해 축복 속에 태어났습니다. 이것은 부인할 수 없는 명백한 사실입니다. 그러나 갈 때는 어떻습니까? 아무도 가는 날을 모릅니다. 기존 불교에서는 인간의 태어남을 하나의 축복으로 보지 않고 오직 죽음에만 주안점을 두고 무상한 존재라고 표현하나 한마디로 허무적 고찰考察에 지나지 않습니다. 그러나 용화대불의 연기와 공사상은 인간의 존재를 허무적 시각으로 보지 않고, 창조적인 존재로 보고 있다는 것이 다릅니다. 따라서 나라는 존재는 죽으면 사라지는 무상 무아가 아니라, 환생을 거듭하는 존재라는 것입니다. 왜 그럴까요? 우주의 본체는 태양으로 만물과 우주를 탄생시켰습니다. 따라서 인간이 환생하는데 필요한 조건은 태양이 품어내는 광명光明입니다. 그렇기에 그 광명의 빛을 지니고 계신 용화 대불에게 수계를 받으면 누구나 환생할 수 있다는 뜻입니다. 본디 진리라는 것은 삼림 속의 푸른 나무를 보는 것과 같다는 말이 있습니다. 믿음은 그 어떤 것도 이길 수 있는 위대한 힘을 가지고 있습니다. 그렇기에 용화 대불의 연기와 공사상의 진리를 바르게 깨우치고 광명의 빛으로 수계를 받으면 누구나 환생할 수 있습니다.

부귀공명富貴功名

인간과 인간 사이에
연기緣起가 있음을 알면,
저절로 부귀공명이 이루어진다.

옛날 조계종 총무원장이셨던 청담 스님이 말씀하시기를 "누구나 태어날 때는 10억 원의 통장을 가지고 태어나나 다만 그 비밀번호를 모르기 때문에 가난하게 산다."고 했습니다. 사람들이 부귀공명에 목을 매고 있으니 청담 스님 같은 올곧은 수행자조차 이런 말을 남기지 않았을까요? 사실, 1970년대만 해도 10억 원은 집을 몇 채나 살 수 있는 엄청나게 큰돈이었습니다. 물론, 그 10억 원은 단순히 물질만을 의미하는 건 아니고 세상을 바르게 살면 부귀공명이 따른다는 뜻이겠지요.

어찌 되었든 예나 지금이나 부귀공명富貴功名은 누구나 꿈꾸는 것입니다. 그렇다면 모두가 부러워하는 돈과 권세를 손에 쥐려면 어떤 자세로 세상을 살아야 할까요? 그것은 매우 간단합니다. 연기법을 깨치면 부귀공명은 저절로 이뤄집니다.

내가 어떤 사람과 어떤 일과 연기하느냐에 따라 재물과 권세가 들어온다는 뜻입니다. 그러려면, 내가 먼저 능력을 갖추어야 합니다. 자신이 빈천하면 빈천한 사람과 연기하게 되고, 지성을 갖추면 지성인과 연기하게 됩니다. 왜냐하면 부귀공명은 관계 속에 있기 때문입니다. 그렇기에 청담 스님의 말씀처럼 누구나 부를 갖추고 태어나는 것이 아니라, 자신이 만드는 인연의 연기에 의해 부귀공명이 이뤄진다는 사실을 꼭 명심해야 합니다. 이처럼 연기와 공사상이 적용되지 않는 세상의 일은 단 하나도 없습니다.

바른 진리에 의지하라

연기와 공을 바르게 깨치면
살아갈수록 지혜가 쌓여
성공적인 인생을 살 수 있으나
연기와 공을 외면하거나 모르면
평생 어둠 속을 헤매게 된다.

석가모니 부처님과 예수님의 가르침은 수천 년 전 그 시대를 사는 사람들에게는 매우 훌륭하나 요즘 같은 과학 시대에는 전혀 맞지 않습니다. 몸이 아프면 병원에서 치료받아야 하고, 집안에 좋지 않은 일이 생기면 그 원인을 찾아서 해결해야 합니다.

그런데 사람들은 절과 교회에 가서 병을 낫게 해 달라고 간절하게 기도합니다만 그분들이 과연 낫게 해줄까요? 만약, 낫는다면 그분들 때문이 아니라 간절한 나의 노력 덕분입니다.

이제는 그런 기복에서 벗어나서 바른 진리의 가르침을 들어야 합니다. 이 세상에는 연기 아닌 것이 없고, 공사상이 적용되지 않는 것은 하나도 없습니다. 병을 없애려면 병이 발생하는 원인을 찾아 치료하는 것이 현명한 답입니다. 왜냐하면, 병도 병끼리 연기하기 때문입니다. 이것을 모르면, 몸이 병드는 것처럼 평생 어둠 속에서 살 수밖에 없습니다.

부처와 중생 1

석가모니 부처님은 '고집멸도' 사성제를 깨친 성인으로서
오직 그분만을 가리키는 고유명사이다.
부처는 깨달음을 이룬 수행자나 불자를 가리키고
중생은 깨달음을 이루지 못한 범부凡夫를 말한다.

불교에서는 '석가모니 부처님'과 '부처'를 혼동하여 부르는 경우가 있는데 크게 잘못된 것입니다. 일반적으로 '석가모니 부처님'은 수천 년 전 치열한 수행을 통해 '고집멸도' 사성제의 진리를 깨친 성인으로서, 석가모니 오직 한 분만을 가리키는 고유명사입니다. 이와 달리, '부처'는 수행을 통해 깨달음을 증득한 이를 가리킵니다.

그런데 우리가 반드시 명심해야 할 사항이 있습니다. '부처'라는 단어의 정확한 뜻은 깨달은 이를 특정하여 지칭하는 것이 아니라 진리 그 자체의 '깨우침'을 가리킨다는 것입니다. 또한 '중생'은 사전적으로 '깨달음'을 증득하지 못한 어리석은 이를 가리키지만, 지수화풍地水火風에 의해 태어난 만물을 가리킨다는 것입니다. 여기에는 만물의 영장인 사람도 포함됩니다.

경전에 보면 '처처處處에 부처가 있다.'라고 합니다. 이 말은 곧 '만물이 다 부처다.'라는 뜻입니다. 더 깊이 들어가면 '만물 스스로가 연기와 공사상'을 지니고 있다는 의미입니다. 이것부터 우리 불자들이 제대로 알고 있어야 '부처'가 되든지 말든지 할 수 있습니다.

그런데 지금의 승가는 어떤가요? '부처님'과 '부처'라는 단어를 똑같이 씁니다. 그러니 불자들이 혼동할 수밖에 없습니다. 하긴 스님네들조차 그 뜻을 명확하게 모르니 당연한 일입니다.

종교의 가르침은 이래도 되고 저래도 되는 것이 아니라, 명확

해야 합니다. 불교가 무교巫教도 아니고 도교道教도 아니고 그야
말로 잡탕이 된 것도 바로 이것 때문입니다. 그래도 천주교와 기
독교의 가르침은 아주 명확합니다.

부처와 중생 2

부처는 눈에 보이지 않는 것도 생각하고
이치적理致的으로 판단하지만
중생은 오직 눈에 보이는 것까지만 생각한다.

세상 만물은 나름의 이치理致를 지니고 있습니다. 여기에서 이치라는 건 '사물이 지녀야 할 마땅한 도리'를 뜻합니다. 바다는 바다가 지녀야 할 이치가 있고, 하늘은 하늘이 지녀야 할 이치가 있듯 자연은 자연의 이치를 가지고 있습니다. 만약, 바다가 이치를 어기면 범람할 것이고, 산이 이치를 어기면 무너져 한순간에 이 지구는 멸망할지 모릅니다.

따라서 부처는 자연이 가지고 있는 이러한 이치를 바로 알아차리고 깨우치는 걸 의미합니다. 그러나 중생은 그렇지 않습니다. 항상 눈앞에 보이는 것만 보고 생각이 항상 거기에만 머무르기에 만물의 이치를 똑바로 알아차리지 못해 참으로 어리석습니다.

사람의 힘은 사유思惟에 있습니다. 사유는 단편적인 생각이 아니라 깊이 생각하여 행동하는 것을 가리킵니다. 사람이 깊이 사유하지 않고 함부로 행동하는 것은 중생과 다를 바가 없습니다. 이런 중생에게 소처럼 코를 꿰어 연기와 공사상의 진리를 아무리 가르쳐줘도 전혀 알아듣지 못합니다. 지금 당신은 부처입니까? 중생입니까?

부처와 중생 3

◆
◆

부처는 진리를 본다고 말하지만
중생은 진리를 안다고만 한다.
본다는 것은 진리의 본체를 꿰뚫어 본다는 것이고,
진리를 안다는 것은 알음알이로 겉만 훑는 것이다.
이것이 바로 부처와 중생의 차이다.

오늘날 승가僧家에서 귀가 닳도록 듣는 단어가 바로 '깨달음'입니다. 한마디로 모든 가르침이 '깨달음'에서 시작되어 '깨달음'으로 끝날 정도로 심합니다. 수행자들에게 진심으로 묻겠습니다.

도대체 당신들이 추구하는 '깨달음'이란 것이 무엇입니까? 나는 '깨달음'에 대해 명확한 정의를 내리는 승가의 선지식을 지금까지 단 한 명도 만난 적이 없습니다. 그것은 승가에서도 '깨달음'에 대해 명확한 정의를 아직도 내리지 못하고 있거나 모르기 때문은 아닐까요. 그런데도 스님들과 불자들이 무턱대고 '깨달음'이란 단어를 날마다 입에 달고 다니는 모습을 보면 실로 한심할 지경입니다.

그러나 나는 '깨달음'에 대한 정의를 온전히 내릴 수 있습니다. '깨달음'은 부처가 되기 위한 필요 조건이 아니라 단지 중생들이 이 힘든 사바세계를 어떻게 살 것인가? 혹은 어떻게 돈을 많이 벌 것인가? 라는 그 방법을 찾아내는 걸 가리킵니다.

석가모니 부처님조차도 《중아함경》에서 제자들에게 '깨달음'에 집착하지 말고 스스로 진리를 깨우치는 데 힘쓰라고 말씀하신 적이 있습니다. 이것은 무얼 말하는 것일까요? 진리의 본체를 바로 보고 깨우치라는 뜻입니다. 그렇기에 진정한 '부처의 길'은 진리의 본체인 '연기와 공사상'을 바로 알아차리는 데에 있음을 수행자들은 반드시 명심해야 합니다. 강조하자면 부처는 깨달음에 있는 것이 아니라, 진리 그 자체의 깨우침에 있다는 뜻입니다.

화내면 중생이다

◆
◆

누구든 화를 참지 못하고
화를 내면 연기에 의해
중생으로 전락하지만
누구든 화를 참고
복으로 받아들이면
연기에 의해 부처가 된다.

오래전 제가 유튜브에서 "불교의 '12연기법' 중 일부는 힌두교의 전생관에서 파생된 것이기에 석가모니 부처님의 가르침과는 전혀 맞지 않는 중생법이며 그렇기에 인간의 육도윤회는 없다."라고 했습니다. 이것을 본 몇몇 수행자들이 차마 입에 담지도 못할 욕을 댓글로 남기거나 심지어 빨리 죽으라고까지 했습니다. 수행하는 사람들이 왜 그런 행동을 했는지 도무지 이해되지 않습니다.

불교는 석가모니 부처님이 열반하신 이후 수천 년 동안 꾸준히 다양한 학설들이 등장했는데 그중 하나가 '12연기법'에 관한 연구입니다. 유럽의 문헌학자들도 12연기법 일부는 석가모니 부처님의 정법이 아니라 힌두교에서 나온 것이라고 밝히기도 했습니다.

그런데 문제는 공부가 짧은 수행자들이 남이 내놓은 견해에 대해 무조건 욕만 해대는 것은 수행자가 지녀야 할 자세가 아니라는 것입니다. 그런 그들이 어떻게 부처가 될 수 있겠습니까? 갑자기 공양물이 아깝다는 생각마저 들었습니다.

군자도 한순간의 화를 참지 못하면 범부凡夫로 떨어진다는 중국의 옛 고사성어가 있습니다. 불교에서도 화는 삼독三毒의 하나로서 가장 경계해야 한다고 했습니다. 그런데 수행자가 남의 견해에 대해 진의도 파악하지 않고 화만 무조건 내는 건 오히려 중생보다 더 못한 행동입니다. 이것은 그들이 연기와 공사상을 깨치지 못했다는 증거입니다. 화는 연기를 일으켜서 더 큰 화를 불러옵니다. 그러나 화를 참으면, 그것은 결국 복으로 돌아옵니다.

연기의 바른 이해

◆
◆

1 더하기 1은 2

2 더하기 2는 4

4 더하기 4는 8

연기는 무상 무아가 아니라

새로운 것을 이루어나가는 창조다.

씨를 뿌리면 수많은 꽃이 생기고, 새가 알을 낳으면 또 다른 새가 태어나듯이 대자연은 연기의 섭리攝理에 의해 날마다 새로운 것이 생겨납니다. 그렇기에 공사상은 무상 무아를 강조한 진공묘유가 아니라 연기에 의한 창조입니다. 이것은 수학적 논리로도 충분히 설명할 수 있습니다.

하나에 하나를 더하면 둘이 되고, 둘에 둘을 더하면 넷이 되고, 넷에 넷을 더하면 여덟이 되는 이치와 같습니다. 만약, 이 자연 속에서 연기가 하루라도 일어나지 않는다면, 지구는 오래전에 멸망했을 것입니다.

또한 나라는 존재도 연기에 의해 태어났습니다. 그렇기에 연기는 우주 만물의 위대한 법칙입니다. 그렇다면 죽음은 무엇일까요? 사람이 연기에 의해 태어나듯이 죽음도 연기의 조건이 맞면 환생한다는 것입니다. 그 조건은 바로 용화 대불에게 살아서 광명의 빛을 수계 받는 것입니다.

먹는다는 것도 연기이다

인간은 왜 음식을 먹는가?
먹기 위해 사는가
살기 위해 먹는가?
이 물음에 답해도 중생이고
이 물음에 답하지 못해도
중생으로 떨어진다.

사람이 먹는 것에만 집착한다면 어떻게 될까요? 돼지처럼 살만 찝니다. '먹는다'라는 행위는 음식이 육신과 연기하여 의미 있는 일을 하기 위함입니다. 그런데 사람이 만약, 음식을 먹지 못한다면 오래 살지 못합니다. 그렇기에 먹는다는 것은 그 어떤 일보다도 소중한 행위입니다. 하지만 '먹기 위해 산다'거나 '살기 위해 먹는다'라는 것은 중생의 생각입니다. 수행도 음식을 먹어야만 할 수 있고 부처도 음식을 먹어야만 이룰 수 있습니다. 먹지 않고 부처가 된들 무슨 소용이 있겠습니까?

석가모니 부처님이 수행자 시절 피골이 상접한 뒤 죽음을 느끼고 목동에게 유미죽을 얻어 마신 뒤 기운을 차리고 수행한 뒤 '중도中道'의 이치를 깨치게 된 것도 이것 때문입니다. 그러므로 음식은 인간이 사유하고 지혜를 얻는데 필요한 에너지로서, 부처가 되기 위한 하나의 방편인 것입니다. 그러나 그릇의 물도 과하면 넘치듯이 음식에 대한 과한 욕심은 육신을 병들게 하는 원인이 된다는 사실을 항상 잊어서는 안 됩니다.

근심과 걱정도 연기한다

근심도 근심끼리 연기하기에
걱정할수록 근심이 더 쌓인다.
걱정해서 해결될 일은
그전에 이미 해결이 되었을 것이므로
먼저 근심의 원인이 무엇인지
잘 살피는 것도 지혜다.

근심은 마음에서 일어납니다. 그런데 그 근심은 누가 만든 것일까요? 자신이 만든 것인데도 중생들은 그 원인을 꼭 남 탓으로 돌립니다. 본디 부처의 성품을 가진 사람은 거친 바람이 불어와도 대나무같이 쉽게 부러지지 않고 유연하며 남의 말을 경청하기를 즐겨하고 욕심과 집착의 경계조차 놓아버렸기에 근심하지 않습니다. 아니 근심 그 자체가 없습니다. 그러나 중생은 자기 뜻대로 되지 않거나 아주 작은 일에도 흥분하거나 화를 잘 내고 욕심과 집착이 많아서 근심이 그림자처럼 따라다닙니다.

무엇보다도 근심은 자기의 감정을 잘 조절하지 못해 생기는 병의 일종이므로, 근심이 생기면 놓아 버리는 훈련이 필요합니다. 말하자면 근심의 원인이 어디에서 오는가를 알아차리고 심각하지 않다면 놓아 버리는 것도 한 방법입니다. 근심한다고 해결될 일이라면, 이미 하지 않아도 저절로 해결됩니다. 그렇기에 지금부터라도 근심이 생기면 그 순간 놓아 버리세요. 왜냐하면 근심도 연기를 일으켜서 또 다른 근심을 불러와서 몸과 마음을 병들게 하기 때문입니다.

죽은 것은
연기가
이뤄지지 않는다

죽은 꽃이 다시 피는 것을 본 적이 있는가.
죽은 새가 알을 낳는 것을 본 적이 있는가.
죽은 꽃과 죽은 새는 연기할 수 없어
꽃을 피우지 못하고 알을 낳지 못한다.

나무젓가락의 가르침

❖
❖

여기 한 개의 나무젓가락이 있다.

이것을 사용하려면 어떻게 해야 하는가?

나무젓가락을 두 개로 쪼개야

어떤 물건을 집을 수 있다는 방법을 터득하는 것.

이것이 바로 깨달음이다.

그러나 깨우침은 이와는 전혀 다른 개념의 것으로

세상에서 오직 하나뿐인 진리를 깨친 것을 말한다.

고로 부처는 아무나 될 수 없다.

우리는 일반적으로 '깨달음'과 '깨우침'이 같은 개념의 것으로 착각하고 있지만 그렇지 않습니다. '깨달음'은 어떤 물건의 사용 방법을 터득했거나 일을 효율적으로 할 수 있는 방법을 알았다는 의미입니다. 예를 들면, 나무젓가락은 두 개로 쪼개야 음식을 집을 수 있다는 걸 아는 것입니다. 원숭이에게 나무젓가락을 주면 사용할 수 있을까요. 당연히 사용할 수 없습니다. 이것이 바로 '깨달음'입니다. 그런데 기존 불교에서는 '깨달음'을 두고 마치 대단한 진리를 알았다는 뜻으로 쓰입니다.

그렇다면 '깨우침'은 어떤 뜻으로 쓰일까요? 2,600여 년 전 석가모니 부처님이 보리수 아래에서 새벽 별을 보고 '고집멸도苦集滅道' 사성제의 진리를 터득한 것은 오직 석가모니만이 터득한 진리이기에 '깨우침'입니다. 또한 어떤 수행자가 이 세상에 단 하나밖에 없는 진리를 터득했다면 그 또한 깨우친 성인입니다. 그런데 오늘날 그러한 최고의 진리를 깨우친 수행자가 과연 몇이나 있을까요. 한 명도 없습니다.

만약, 있다면 '연기와 공사상'의 새로운 진리를 깨우친 용화 대불입니다. 그렇기에 석가모니 부처님이 깨우친 '고집멸도'는 석가모니 부처님의 것이고, 용화 대불이 깨우친 '연기와 공사상'은 용화 대불만의 것입니다.

죽은 것은 연기가 되지 않는다

◆

죽은 자를 위한 천도재는 바른 천도薦度가 아니다.

죽어서 가는 길은 공사상이 아니다.

왜냐하면, 죽은 것끼리는 연기가 되지 않기 때문이다.

사람은 생전예수제처럼 살아있을 때 천도해야 한다.

석가모니는 제자들이 '깨달음'에만 집착하는 모습을 보고 답답한 나머지 《잡아함경》 숙명경宿命經에서 "비구들이여, 너희들은 앞으로 전생에 대해 절대로 언급하지 말라. 이것은 진리와는 거리가 멀고 청정한 삶에 아무런 도움이 되지 않는다. 지혜를 주는 것도 아니고 열반으로 가는 데도 도움이 전혀 되지 않는다. 비구들이여, 너희들이 마땅히 받아들여야 할 것은 여래가 일러준 고집멸도이니라. 괴로움의 진리, 괴로움의 원인이 되는 진리, 괴로움이 소멸된 진리, 괴로움을 소멸하여 열반에 이르는 여덟 가지 방법에 관한 진리이다. 이것은 바른 깨달음과 참다운 지혜를 구하는 데 도움을 준다. 그러므로 비구들이여, 열반으로 가는 데에 도움이 전혀 되지 않는 것을 진리로 삼지 말라."고 했습니다.

이것은 석가모니 부처님의 진언에 가까운 〈아함부〉 설법으로서 소승관인 전생이나 내생에 제자들이 집착하는 모습을 보고, 팔정도를 실천하여 열반을 구하라고 지적한 내용입니다. 석가모니 부처님은 전생과 내생이 수행에 전혀 도움이 되지 않을 뿐만 아니라, 열반에도 도움이 되지 않음을 밝히고 있는 것입니다. 이것을 보면 석가모니 부처님의 가르침은 오직 현생에만 있음을 명징하게 알 수 있습니다. 즉 '지금, 이 순간'이 나에게 가장 중요하다는 것입니다.

그런데 어떻습니까? 이러한 석가모니의 가르침을 오늘날 제자들이 전생, 현생, 내생의 삼세설로 확장하여 중생법으로 전락시킨 것은 아닐까요? 그렇다면 그 이유는 무엇 때문일까요? 재물 때문입니다. 천도는 전생과 현생에 망자가 지은 업을 없애주는 재입니다. 인간은 죽는 순간 모든 것이 끝납니다. 더구나 연기는 죽은 것에서는 절대로 일어나지 않기에 아무런 소용이 없습니다. 그렇기에 생전예수재처럼, 인간이 현생에 지은 죄업을 사하는 기도가 바른 천도입니다. 기도하려면 지금 산 사람을 위해 하세요.

재물의 가르침

◆
◆

적은 돈도 유용하게 쓰면
천만금의 가치가 있으나
아무리 많은 돈도 잘 쓰지 못하면
한갓 쓰레기에 지나지 않는다.

그렇듯이 돈을 유용하게 쓰면
연기에 의해 두 배로 들어오지만
돈을 잘 쓰지 못하면
연기에 의해 두 배로 사라진다.

제가 아는 칠십 노보살님이 계셨습니다. 그분은 평생 결혼도 하지 않고 혼자 살면서 먹지도 쓰지도 않고 돈을 버는 대로 저축해서 수억 원을 모았다고 합니다. 통장에 늘어만 가는 동그라미 숫자만 보면서 늘 재미를 느꼈다고 합니다. 심지어 미장원도 가지 않고 스스로 머리를 손질할 정도로 돈을 아꼈다고 합니다.

그러던 어느 날, 친구의 소개로 우연히 조계종 스님을 알게 되었다고 합니다. 외롭기도 해서 가끔 만나서 그 스님과 대화를 나누면서 누님, 동생하면서 만났다고 합니다. 하지만 그 스님은 노보살님이 돈이 많은 것을 알자, 불사佛事한다면서 계속 돈을 요구해서 '부처님의 일'이라는 생각에 할 수 없이 모아 두었던 큰돈을 내주었다고 합니다.

그런데 문제는 그 스님이 그날부터 홀연히 사라진 것입니다. 그제야 노보살님은 땅을 치고 후회했지만 아무런 소용이 없었습니다. 그래서 제가 이런 말을 했습니다.

"보살님 돈은 쓰라고 있는 것입니다. 앞으로 살아봤자 겨우 일이십 년인데 그 돈으로 하고 싶은 것 많이 하시고 편하게 살지 그랬어요."

돈은 쓰기 나름입니다. 유용하게 쓰면 연기작용으로 인해 쓴 만큼 들어오지만, 잘못 쓰면 그만큼 나가는 것이 돈의 원리입니다. 이 세상에 연기가 일어나지 않는 것은 없습니다.

손바닥의 가르침

여기 열 개의 손가락이 있다.
다섯 손가락을 맞대고 박수치면
연기가 일어나 아름다운 소리가 나온다.
그러나 손가락이 한두 개가 부족하면
불협화음의 박수 소리가 일어난다.
이것이 연기의 바른 법칙이다.

두 손바닥을 맞대고 박수를 치면 소리가 아름답고 힘찹니다. 그러나 만약, 다섯 손가락 중 하나만 없어도 불협화음이 일어납니다. 왜 그럴까요? 연기는 살아 있고 똑같은 것끼리만 일어나기 때문입니다. 연기는 육신과 같은 물질세계와 정신 같은 비물질 세계에서도 늘 존재합니다. 인간이 악한 생각을 하면 좋지 않은 일이 일어나고, 선한 생각을 하면 좋은 일이 일어나는 것처럼, 연기는 우리 생활 속에서 늘 공존하고 있습니다. 그렇기에 연기의 법칙을 제대로 깨우치면 사람의 마음은 저절로 편해지고 복도 많이 들어옵니다.

이름이 곧 공사상이다

◆
◆

아기는 태어나는 순간 이름을 가지고
죽을 때까지 그 이름과 연기하면서 살아간다.
이름을 더럽히면 자신이 더러워지고
이름이 빛나면 자신이 빛난다.
그리고 죽으면 그 이름도 함께 사라진다.
이름도 살아있을 때만이 의미가 있다.
그렇기에 이름 그 자체가 나의 공사상이다.

누구나 이름을 가지고 있습니다. 이름이 곧 나이고 그 이름을 지어준 이는 나를 낳아준 부모님입니다. 부모님이 없었다면 나라는 존재도 없었을 것이고, 이름 또한 없었을 겁니다. 그리고 인간은 태어나서 죽을 때까지 그 이름과 연기하면서 평생을 살아가야 합니다. 만약, 내 이름을 더럽히면 내 몸이 더러워지고 이름이 빛나면 내 몸도 빛납니다. 그리고 늙고 병들어서 죽으면 내 이름도 함께 지워집니다. 이처럼 사람의 이름도 살아 있을 때만 그 의미가 있습니다. 또한 이름 그 자체는 내 몸을 이루는 공사상이기에 인간은 자신의 이름을 더럽히는 행동이나 죄를 지어서는 안 됩니다. 지금 당신의 이름은 무엇입니까?

죽은 것은 연기가 이뤄지지 않는다

죽은 꽃이 다시 피는 것을 본 적이 있는가.
죽은 새가 알을 낳는 것을 본 적이 있는가.
죽은 꽃과 죽은 새는 연기할 수 없어
꽃을 피우지 못하고 알을 낳지 못한다.

석가모니가 깨친 연기법은 "만물은 이것이 생生 하면 저것이 생生 하고 이것이 멸滅하면 저것이 멸滅한다"입니다. 이처럼 만물은 인과관계에 의해 상호의존성을 가지고 있습니다. 이와 달리 용화 대불이 깨친 연기법은 "우주 만물은 연緣과 연緣이 만나서 새로운 것을 창조한다."는 가르침입니다. 따라서 석가모니 부처님의 연기법이 불교사상을 바탕으로 한 것이라면, 용화 대불의 연기법은 우주가 본질적으로 품고 있는 자연현상을 기반으로 한 창조성에 연계한 연기법이기에 본질적으로 그 의미하는 바가 다릅니다. 따라서 두 연기법은 애초에 비교할 거리가 아니며 그것은 전적으로 배우고자 하는 사람들의 마음에 달린 것입니다. 그러나 두 연기법 중 시대에 맞는 진리는 무엇일까요?

꽃의 비유

살아있을 때만 새로운 것이 생긴다.
우리는 이것을 두고 창조라고 이름한다.
죽은 감나무는 꽃을 피우지 못하고
죽은 꽃이 열매를 맺지 못하는 것처럼.
이미 죽어 사라진 것에 연연하지 말라.
이미 죽은 것은 천지개벽이 일어나도
연기와 공사상이 일어나지 않는다.

석가모니의 가르침은 뛰어나고 훌륭합니다만 수천 년 전에 이미 돌아가신 분이기에 이것은 마치 죽은 감나무가 꽃을 피우지 못하고 열매를 맺지 못하는 것처럼, 살아있는 당신과 연기할 수 없습니다. 진정한 연기는 살아있고 눈으로 볼 수 있고 직접 체감할 수 있어야만 하기에 석가모니 부처님에게 소원을 아무리 빌어도 들어주지 못합니다. 차라리 살아있는 선지식을 만나 가르침을 구하는 편이 훨씬 더 현실적입니다. 더구나 호랑이 담배 피는 시절에나 있을 법한 윤회 사상에 젖은 기복 종교는 오늘날 같은 과학 시대에는 전혀 맞지 않으므로 종교도 시절 인연에 따라 변해야 합니다. 일각에서 불교가 기복에서 명상으로 변해가는 것은 그나마 다행입니다. 그러나 아직도 절에서 천도재나 제사가 많이 성행하고 있는 건 참으로 안타까운 현상입니다. 지금이라도 우리 불자들의 종교에 대한 마음 자세가 달라져야 불교가 바로 서게 될 것입니다.

진리를 따르라

◆
⋮

군자를 따르면 군자가 되고
술꾼을 따르면 술꾼이 된다.
당신이 어떤 선지식의 가르침을
배우느냐에 따라
인생의 방향도 크게 달라진다.

옛말에 개를 따라가면 정낭(화장실)에 간다고 했습니다. 누구나 어려웠던 시절엔 개도 똥을 먹고 살았기 때문입니다. 물론, 과한 표현이겠지만, 시사하는 바가 있습니다. 사람이 훌륭한 군자를 따르면 군자가 될 수 있으나 술꾼을 따르면 한갓 술주정뱅이밖에 될 수 없듯이 사람이 어떤 사람에게 배우느냐에 따라 성공과 실패가 명명백백하게 갈라집니다.

종교의 가르침도 마찬가지로 사람이 어떤 선지식을 만나서 배우느냐에 따라 달라집니다. 사람이 우주로 날아가고 AI가 인간의 노동력을 대신하는 과학 시대에 아직도 구태의연하게 극락과 천국 타령이나 하고 있다는 게 문제입니다. 종교는 말 그대로 마음의 안식과 행복을 찾기 위해 필요한 것이지 그 이상도 그 이하도 아닙니다. 많은 이가 따르는 대세의 종교일지라도 그 가르침이 오늘날의 현실에 맞지 않는다면, 지금이라도 과감하게 벗어나야 하지 않을까요. 이젠 시대에 맞는 종교의 가르침을 따라야 합니다. 그것이 바로 용화대불의 연기와 공사상입니다.

우상은 없다

◆
◆

사리를 숭배하지 마라.
사리는 종교가 만들어낸 하나의
우상 숭배에 불가한 것,
대중이여, 이미 죽고 사라진 것에
집착하거나 마음을 두지 마라.

일반적으로 사리는 석가모니 부처님이 열반하신 뒤 그의 제자들이 다비하였더니 8곡 4두八斛 四斗의 '불사리佛舍利'가 생겨나 여덟 나라에 골고루 분배 봉안한 것에서 유래되었습니다. 중국의 《대당서역기》에 따르면 중국의 현장법사玄奘法師가 인도 순례를 마치고 돌아올 때 불사리 150과를 모셔 왔으며, 의정법사義淨法師도 300과를 모셔 왔다고 합니다. 우리나라에서는 549년 신라 진흥왕 때 사신을 통해 불사리가 최초로 들어왔다고 기록되어 있으며, 636년 선덕왕 때 자장慈藏스님이 오대산 태화지太和池에서 문수보살을 친견하고 석가모니 부처님의 정골正骨 사리와 치아齒牙 사리를 받고 경주에 황룡사 9층탑을 세우고 봉안한 뒤 태백산 정암사, 영축산 통도사, 설악산 봉정암, 오대산 상원사, 사자산 법흥사에 사리탑을 건립, 지금은 오대 적멸보궁으로 불리고 있습니다.

그 후 조선 초기 이성계가 신하인 하륜에게 "사리가 생기는 이유는 무엇인가?"라고 묻자 하륜河崙이 말하기를 "정기精氣가 쌓인 것으로서 사람이 정신적 수련을 하면 사리가 생깁니다."라고 말한 것에서 유래되어 참된 수행을 한 고승에게서도 생겨난다고 해서 '승사리僧舍利'라고 부르고 있습니다. 또한 성생활을 전혀 하지 않고 참선으로 평생을 수행한 비구에게서 사리가 나온다고 합니다. 그러나 비구니와 평범한 불자에게서도 사리가 나왔다고 합니다.

물론, 사리를 숭배하는 것은 수행적 측면에서 보면 좋으나, 지나친 기복 신앙의 원인이 된다는 측면에서 보면 잘못된 숭배입니다. 더구나 요즘같이 과학이 발달한 시대에는 사리 신앙에 대해 강한 의문을 품고 있습니다. 실제로 석가모니 부처님의 사리가 그 양이 너무 많다는 것입니다. 시신을 고온의 불로 화장하면 뼛속에 들어 있는 유기물은 모두 사라지고 무기물인 뼈와 칼슘이 뭉쳐져서 나타나는 것이 사리라고 증명하기도 했습니다. 시신을 고온의 불로 화장하면 누구나 사리가 생겨난다는 의미입니다.

성철 스님과 법정 스님도 사리를 수습하지 말라고 했고 운허 스님도 "법력은 눈에 보이지 않는 데서 나타나지 사리에 구현된 것이 아니다."라며 사리를 수습하지 못하게 했습니다. 이처럼 죽어서 사라진 육신에 마음을 두거나 집착하는 것은 옳은 일이 아니며 죽은 것에서는 연기가 일어나지 않는다는 공사상의 측면에서 보면 사리에 대한 기복 신앙은 믿을 만한 것이 못됩니다.

연기에 의해 사계四季가 움직인다

봄이면 꽃이 피고
여름이면 신록이 무성하고
가을이면 단풍 들고
겨울이면 잎이 진다.
언뜻 사계는 평범한 듯 보이지만
끝없는 연기 속에 있다.

자연이 우리 인간들에게 가르쳐 주는 것은 봄이 오면 꽃이 피고, 여름이면 신록이 무성하고, 가을이면 형형색색 단풍이 들고, 겨울이면 잎이 지듯 사계四季 속의 자연에 순응하면서 살라는 것입니다. 본디 인간의 성품은 착하지만, 성장하면서 욕망으로 인해 번뇌가 쌓이게 되는데 이것이 병의 원인이 됩니다. 그렇다고 들끓는 욕망을 단번에 끊어낼 수 있을까요? 만약, 인간에게 욕망이 없었다면 오늘날 같은 눈부신 과학 문명도 없었을 테지만, 원래부터 욕망이란 놈은 암세포와 같아서 끊어 내면 끊어 낼수록 연기에 의해 자라므로 쉽사리 끊어 내기가 무척 힘들기에 마음에서 일어나는 욕망을 자연 속의 사계처럼 순응하듯이 잘 다스려야 합니다. 이렇듯 모든 만물은 연기에 의해 태어나고 사라진다는 사실을 우리가 깨우치게 되면, 마음의 병도 육신의 병도 점차 사라지게 될 것입니다. 지금부터라도 대자연의 흐름에 순응하면서 사세요.

손과 젓가락의 비유

◆
◆

젓가락은 그냥 죽은 사물이다.
그러나 인간이 손으로 사용하는 순간,
젓가락은 생명력을 부여받는다.
여기에서 손은 공사상이요
젓가락은 연기의 대상對相이다.
만물의 이치가 이 속에 들어 있다.

밥상 위에 두 개의 젓가락이 놓여있습니다. 그런데 젓가락을 사용하지 않으면 한갓 쓸모없는 것이 되지만, 사람이 손으로 사용하는 순간, 젓가락은 자기가 가진 본래의 임무로 되돌아옵니다. 자동차도 자전거도 마찬가지입니다. 이것은 사물이 사람과 연기하여 생명력을 부여받았기 때문이지요. 이렇듯 아무리 쓸모없는 것일지라도 사람과 연기하면 새롭게 살아납니다. 여기에서 사람의 손은 공사상이요. 젓가락과 자동차는 연기의 대상이 되는 것입니다. 만물의 이치가 이 속에 다 들어 있습니다. 꽃과 나무도, 산과 바다도 사람과 연기하지 않으면 쓸모없는 존재임을 깨우치는 것이 바로 공사상의 원리입니다.

진정한 천도

◆
◆

부모님이 살아계실 때
물 한 그릇 더 떠다 드리고
맛있는 것 더 사다가 드리고
안부 전화를 자주 하라.
죽고 나서 하는 천도재는
아무런 의미가 없다.
진정한 천도는
부모님이 살아 계실 때 하는 것이다.

자식들은 참 어리석은 존재들입니다. 부모님이 살아계실 때는 효도하지 않고 돌아가신 뒤에 천도재와 49재를 지낸다고 난리법석입니다. 그렇다고 돌아가신 부모님이 살아 돌아오지 않습니다. 사람은 죽고 나면 그뿐이기에 부모님이 살아계실 때 물 한 그릇 더 떠다 드리고, 맛있는 것 하나 더 사다가 드리고 안부 전화 한 통이라도 더 하는 게 좋습니다. 그리고 진짜 효도는 살아계실 때 용화 대불로부터 광명의 빛으로 수계를 받게 해야 합니다. 그러면 그 영혼이 좋은 곳으로 가서 조건이 맞을 때 비로소 환생할 수가 있습니다. 이것이 진정한 천도입니다.

사실, 나라는 존재는 부모님의 연기에 의해 태어났음은 부인할 수 없는 사실입니다. 그런 부모님의 마음을 상하게 하거나 아프게 하는 건 자식으로서 도리가 아닙니다. 동서고금을 둘러봐도 불효자식이 잘 사는 것을 여태껏 보지 못했습니다. 왜냐하면 부모님은 나라는 존재를 이 세상에 있게 한 공사상이고, 나는 이 세상에 자식으로 존재하게 된 공사상이기 때문입니다. 따라서 대자연의 진리인 공사상의 법칙을 어기는 건 하늘이 용서하지 않는다는 사실을 우리는 가슴 깊이 명심해야 합니다.

업의 원리

◆
◆

사람들은 자신이 지은 업을 없애 달라고
절에 가서 불상 앞에서 싹싹 빈다.
업은 중생이 지었는데
이미 수천 년 전에 죽은 부처가
어떻게 업을 없애준다는 것인가?
정업은 난면이기에
자신이 지은 업은 자신 스스로 풀어야 한다.

《중아함경》 '천사의 경'에 보면 석가모니 부처님이 수행자들에게 '정업正業은 난면難免이다,'라고 하신 설법이 있습니다.

"수행자들이여 그대가 저지른 악한 행위는 그대의 어머니와 아버지, 형제와 자매, 친구와 친척, 수행자와 성직자, 그리고 신에 의해서 행해진 업이 아니라 바로 그대가 스스로 행한 업이기에 그대가 지은 업의 과보는 스스로 겪어야 한다."

이것은 무얼 말씀하시는 것일까요? 자신이 지은 업은 자신 스스로 풀어야 한다는 것입니다. 그런데 우리 불자들은 어떻습니까? 신상에 좋지 않은 일이 생기거나 집안에 안 좋은 일이 생기면 절에 쪼르륵 달려가서 돌부처나 나무부처에게 찾아가서 싹싹 용서해달라고 빕니다. 그런데 수천 년 전에 돌아가신 석가모니 부처님이 어떻게 그대가 지은 죄업을 없애줄 수 있을까요?

그럴 시간이 있으면, 자신이 지은 업의 원인이 무엇인지를 깊이 반성하고 그 업을 없애는 방도를 찾는 것이 올바른 길입니다. 그렇지 않고 돌부처나 나무부처에게 간절하게 빌어봤자 자신이 지은 업은 사라지지 않고 더 쌓이게 됩니다.

왜 그럴까요? 나쁜 업은 나쁜 업을 만나서 연기하기 때문입니다. 애초에 업을 짓는 생각과 행동을 하지 말아야 합니다. 이것이 바로 연기의 바른길입니다.

살아있는 선지식이 바로 부처다

◆
◆

살아 있는 선지식의 법문을 들어야
세상의 진리를 터득할 수 있다.
죽은 부처의 법문은 아무런 쓸모가 없다.
이것을 두고 시절 인연이라고 하는 것이다.

불교 용어에 '선지식善知識'이라는 단어가 있습니다. 그런데 선지식의 '선'자는 착할 '선善'인데 불자들의 대부분이 참선 '선禪'자로 착각하고 있습니다. 왜 그럴까요? 이것은 대한불교조계종이 중국 육조 혜능의 선불교를 표방하고 있기 때문입니다. 일반적으로 '선지식'은 종교의 이단을 배격하고 바른 종교관으로 인도하는 승려나 법사, 종교인을 뜻합니다. 다시 말해 사람을 참된 곳으로 인도하는 성직자를 가리킵니다.

불교는 석가모니 부처님 탄생 이래, 수천 년의 세월이 흘렀습니다. 그 사이 제자들에 의해 석가모니 부처님의 가르침이 수많은 입과 입을 거치고, 문자와 문자를 거쳐서 새롭게 정립되기도 하고 때론, 잘못 전해지기도 했습니다. 그런데 문제는 중국에서 전해온 기복 불교로 인해 석가모니 부처님의 정법이 오도誤導되고 있다는 것입니다.

잘못된 불교의 가르침이 있으면 당연히 바꾸어야 합니다. 그런데 그 누구도 바꾸려 하지 않고 오히려 기세가 더 덩덩합니다. 도대체 왜 그럴까요? 지금이라도 불교를 바르게 이해시킬 참된 '선지식'이 나타나야 합니다. 누구나 '선지식'이 될 수 있으며 바로 곁에 있는 도반일 수도 있습니다. 그런 이가 진짜 부처님입니다.

우주가 공사상이다

공사상은 우주를 가리킨다.
눈을 들어 밤하늘의 별을 보라.
허공에 얼마나 많은 별이 반짝이는가.
이처럼 우주는 별로 꽉 차 있고
그 별 속의 하나가 바로 나이다.

우주가 허공인 듯 하나, 수많은 별로 꽉 차 있듯이 공사상은 저 우주처럼 꽉 차 있습니다. 하늘의 별과 바닷물이 연기에 의해 늘어나거나 줄어들지 않고, 만물이 끝없는 생멸生滅을 거듭하는 것도 영원불멸한 공사상 때문입니다. 그리고 나는 그 우주의 본체입니다. 이러한 이치를 바르게 깨닫는다면, 태어남과 죽음이 둘이 아니라 하나임을 비로소 알게 됩니다. 따라서 공사상은 기존 불교에서 주장하는 찰나의 생멸이 아니라, 나라는 '공성空性'에 의해 끝없이 일어나는 창조인 것입니다.

공부의 비유

◆
◆

아이들이 학교에 가는 이유는
지식을 얻기 위해 가는 것이고
선생님은 자신의 지식을
아이들에게 가르치기 위해서 이다.
아이와 선생님이 연기를 통해
아이들이 성장한 뒤
마침내 새로운 것을 창조하는 큰 인물이 된다.
이것이 공사상의 원리다.

아이들이 학교에 가는 이유는 놀러 가는 것이 아니라, 지식을 배우기 위해서입니다. 선생님은 자신이 알고 있는 지식을 아이들에게 가르치고, 아이들은 선생님에게 지식을 배웁니다. 즉, 선생님과 아이들이 연기를 통해 가르치고 배우는 것입니다. 그런데 가르치는 선생님이 제대로 가르칠 마음이 없고 아이들이 배울 자세가 갖춰져 있지 않다면 어떻게 되겠습니까? 당연히 선생님과 아이들에게서는 연기가 일어나지 않아서 제대로 배울 수가 없게 됩니다. 이와 달리 선생님과 아이들 사이에서 제대로 된 연기가 일어나면 아이들은 배운 것보다도 더 많은 지식을 습득하게 됩니다. 이 세상에 연기가 일어나지 않는 곳은 하나도 없습니다. 이것이 공사상이 지닌 원리입니다.

공사상은 최상의 지혜를 불러온다

❖
❖

공사상은 만물의 척도요
만물의 이치이므로
이것을 올바로 깨치면
지혜가 상승하여
어떤 일을 해도 성공한다.

우리가 늘 마주하는 대지와 바다와 산과 해는 변함이 없는 공空사상 그 자체이며, 우리 인간들은 공사상에 의해 대자연이 만들어 내는 빛과 양식을 먹고 살아가는 나약한 존재들입니다. 만약, 해가 빛을 쬐어 주지 않거나 대자연이 단 하루라도 먹을 것을 주지 못한다면, 인간은 물론, 새와 같은 중생들은 굶어 죽을 수밖에 없습니다. 그렇기에 대자연의 진리인 공사상은 비어 있는 것이 아니라, 날마다 꽉 차 있는 것입니다.

또한 대지와 바다와 산과 해는 공사상 그 자체이기에 항상 변함이 없으나, 인간과 중생만이 나고 죽는 생멸을 끝없이 거듭하고 있음을 알 수 있습니다. 인간이 농사를 지어서 먹을 것을 구하지만, 사실은 대자연이 있기에 할 수 있는 일이며, 인간이 석유와 전기를 생산하는 것도 대자연이 있기 때문이며, 인간이 살아가는 것도 대자연과 날마다 연기하기에 가능한 일입니다.

그렇기에 대자연을 소중하게 여기는 마음, 그 자체가 바로 연기와 공사상의 발로입니다. 따라서 공사상은 무상 무아가 아니라, 만물의 척도요 이치이며 창조입니다. 만약, 우리가 이러한 연기와 공사상의 진리를 바르게 깨우치면 지혜가 상승하여 그 어떤 일도 능히 해낼 수 있게 되고 성공할 수 있습니다.

우주는 꽉 차 있다

❖
❖

죽은 나무에서 열매가 맺히는 것을 본 적이 있느냐.
죽은 감나무에서 꽃이 피는 것을 본 적이 있느냐.
공사상은 산과 하늘처럼 눈으로 볼 수 있어야 하고
날아다니는 새와 걸어 다니는 짐승들처럼
오직 살아 있는 것만 연기하여
새 생명을 창조하는 실상법이다.
그러므로 이미 죽은 성인들의 가르침 또한
뭇 중생들과 연기할 수 없기에 공사상이 아니다.
보살이 이를 바로 알아듣게 되면
번뇌로 인한 괴로움에서 벗어날 수 있다.

어느 날, 나는 석가모니 부처님이 새벽 별을 보고 성도成道를 이루었다는 사실을 두고 깊이 의심한 적이 있었습니다. 석가모니 부처님이 별을 보고 무엇을 깨우쳤다는 말인가? 별이 스스로 빛나는 것은 우주가 핵융합하여 거대한 에너지를 발산하는 것인데 과연 석가모니 부처님이 본 별은 무엇인가?

고집멸도는 본디 우주가 가지고 있는 본성이고 '깨달았다, 깨닫지 못했다'는 말은 중생의 생각인데 어째서 석가모니는 스스로 깨달음을 얻었다는 말인가. 이것은 단지 후세의 인간들이 석가모니 부처님을 우상화하기 위해 지어낸 것은 아닌가. 이러한 의심들은 끝내 석가모니 부처님이 별을 보고 성도成道했다는 것까지 이어졌던 적이 있습니다.

본디 진리라는 것은 의심에서 시작하여 그 의심이 본성에 닿았을 때 비로소 나타납니다. 그리고 이러한 의심은 수십 년이 지난 지금까지도 나에게서 계속되고 있습니다.

그러던 어느 날, 석가모니 부처님이 새벽 별을 보고 깨친 고집멸도 사성제는 새로운 깨우침이 아니라 밤하늘의 별이 에너지를 통해 스스로 빛을 발산하듯 원래부터 자연 속에 있는 진리임을 알게 되었던 것입니다.

이때 나는 큰 깨우침을 얻게 되었습니다. 부처는 따로 있는 게 아니라, 만물이 연기와 공사상에 의해 움직이고 있다는 진리를 깨친 이가 바로 부처임을 알게 되었던 것입니다. 그러므로 석가모니 부처님처럼 명도明道 중생에서 진짜 부처님이 되는 길은 연기와 공사상을 바르게 깨치는 것입니다.

종교의 실상

◆
◆

종교의 믿음은 누가 만들어낸 것인가.
나약한 인간을 무기로 삼아
인간이 만들어낸 것에 불과하다.

어느 날 한 불자가 한참 법문 중인 스님에게 이렇게 물었습니다.

"스님, 석가모니 부처님은 도솔천에 계시다가 마야부인의 태속에 들어가 산달이 되어 보리수나무 아래에서 마야부인의 옆구리에서 태어났다고 하던데 이것이 진짜 가능한 일입니까?"

불자의 질문을 듣고 스님은 당황한 듯 한참 머뭇거리다가 대답했습니다.

"위대하신 석가모니 부처님이니 믿는 것이고 믿어야 합니다."

그러자 또다시 다른 불자가 물었습니다.

"스님, 석가모니 부처님은 태어나시자말자 두 발로 동서남북 사방팔방을 걷고 난 뒤, 하늘로 손가락을 찌르며 '천상천하 유아독존'이라고 하셨다는데 어떻게 신생아가 그렇게 할 수 있습니까?"

그때 좌중에서는 웅성거리기 시작했고 그 스님의 머리에서는 식은땀이 흘러내리기 시작했습니다.

"그것은 석가모니를 위대한 인물로 만들기 위해 누군가가 지어낸 이야기이지만 그만큼 석가모니 부처님이 위대하다는 뜻입니다. 이것은 믿음의 문제이지 실상의 문제가 아닙니다."

그러자 질문을 던졌던 한 불자가 이렇게 말했습니다.

"그렇군요. 종교니까 무조건 석가모니 부처님을 믿으면 된다는 말이지요."

스님이 말했습니다.

"종교는 믿음이 중요합니다."

나는 이 말을 듣고 중생이 묻고 부처가 답하는 것이 아니라, 마치 부처가 묻고 중생이 답하는 것처럼 들렸습니다. 당신은 이 이야기를 듣고 지금 무슨 생각이 듭니까? 실상을 벗어난 종교가 과연 우리에게 무슨 도움이 될까요? 종교가 바로 서려면 바른 진리의 가르침을 들려주어야 합니다. 첨단 과학 문명 시대를 살아가는 요즘 사람들은 사는 것만도 힘듭니다. 이젠 시대와 동떨어진 믿음을 강요하는 종교는 설 자리가 없습니다. 진리는 저 광활한 우주 속에 들어 있습니다.

인간은 인간의 유전자를 가지고 있고, 동물은 동물의 유전자를 가지고 있습니다. 사람이 죽어서 그 업에 따라 소나 돼지 등으로 태어난다는 삼세 윤회설은 시대와도 맞지 않습니다. 기복에서 벗어나야 합니다. 지금 우리 종교가 나아가야 할 길은 인간의 행복을 위해 무엇을 추구할 것인가에 있습니다. 이것이 바른 종교의 길입니다.

진리는 변하지 않는다

진리는 좌충우돌하지 않는다.
왜냐하면 진리는 둘이 아니라
오직 하나이기 때문이다.
연기와 공사상은 진리 그 자체이기에
변할 수도 없고 변하지도 않는다.

진정한 성불

◆
◆

성불은 깨달아서 부처가 되는 것이 아니라
늙지도 병들지도 않고 죽지도 않는 것을 말한다.
세상에 죽지 않는 생명이 있는가?
그러므로 성불이란 것은 영원히 없다.
진정한 성불은 지금 내 곁의 어려운 사람을 돕고
내가 선한 일을 실천하면서 사는 것이다.

기존 불교는 성불의 개념을 12연기법에 기초를 두고 '깨달아서 부처가 되면 육도윤회하지 않고 극락으로 가는 것'이라고 규정하고 있습니다. 그래서 옛 스님들은 "늙지도 병들지도 죽지도 않고 영원히 사는 것이 '성불'의 길"이라고 제자들에게 열심히 참구參究하라고 가르쳐 왔습니다.

그런데 묻겠습니다. 이 세상에 영원히 죽지 않는 생명체가 있습니까? 없습니다. 그러니 성불이란 것도 없다는 것입니다. 다시 말해 12연기법은 인간이 죄를 많이 지으면 극락으로 가지 못하고 그 업으로 인해 육도를 윤회하는 삼세 윤회설을 기반으로 한 가설에 불과합니다. 그렇다면 죽은 자가 다시 인간으로 태어나려면 오히려 살았을 때 업을 더 많이 지어야 한다는 의미인데 이런, 아무짝에도 쓸모없는 깨달음이 우리의 삶에 무슨 소용이 있습니까? '진정한 성불'이란 남에게 해를 끼치지 않고, 어려운 이웃을 돕고 선한 일을 실천하면서 법에 따라 바르게 살아서 지금 이 순간이 '날마다 좋은 날'이 되도록 사는 것입니다. 이것이 바로 극락입니다.

불자가 곧, 미륵불이다

미륵 불법은 출가자들 속에서
나타나는 것이 아니라
재가자에게서 나타난다.
출가자는 대승의 정법을 행하고 있는
재가자들에게 응당히 공양해야 한다.
왜냐하면, 정법은 중생 제도에 있지
성불을 추구하는 일불승一佛乘에 있지 아니한다.

석가모니 부처님이 열반하시기 직전 제자인 가섭에게 설한 《열반경》 여래 성품 6권에 보면, 다음과 같은 충격적인 내용이 들어 있습니다.

"가섭아, 만약 미래세에 정법正法을 바르게 행하는 대승의 재가자가 나타나면, 그가 젊거나 늙었거나 지위가 낮더라도 바람 앞의 촛불처럼 신명을 다해 응당히 공양해야 하느니라."

가섭이 이에 놀라, 의문을 품은 뒤 석가모니에게 여쭈었습니다.

"세존이시여, 계율에 따르면, 젊은이는 늙은이를 공양해야 하고 재가자는 응당히 출가자에게 공양해야 한다고 되어 있습니다. 어찌하여 세존께서는 출가자가 재가자에게 공양하라고 하십니까?"

석가모니 부처님이 말씀하셨습니다.

"내가 떠난 뒤 정법이 멸하고, 상법商法이 지나면 말세 시대가 올 것이니라. 그때 대승을 구하고 정법을 행하는 재가자가 나타나면 출가자는 마땅히 그를 공양 공경하고 예배하여야 하느니라."

석가모니 부처님은 자신이 가시고 난 뒤, 성불만을 추구하는 일불승一佛乘들에 의해 정법이 훼손될 것을 극도로 염려했던 것처럼 보입니다. 또한 상법商法 시대가 지난 뒤 정법이 완전히 멸한 말법 시대가 도래한다는 사실을 예견한 뒤, 말법 시대에 대승의 정법을 가지고 중생 제도를 실천하는 재가자가 나타나면, 그가 이 세상을 제도할 미륵불이므로 응당히 공경 공양 예배해야 한다고 했습니다. 다시 말해 출가자들 사이에서 미륵 불법이 나타나는 것이 아니라, 재가자들 사이에서 나타난다는 것입니다.

그러므로 "출가자가 재가자에게 절을 하라"는 《열반경》의 가르침을 읽으면 출가자들은 매우 당황할 정도로 충격적일 수 있습니다. 하지만 석가모니 부처님은 이를 분명하게 설법하셨다는 사실을 우리는 경전을 통해 알 수 있습니다.

그동안 출가자들은 재가자들에게 삼배를 받아 왔습니다. 재가자들이 자신을 낳아준 부모님에게도 하지 않는 삼배를 출가자들에게 하는 것은 최고의 예의를 표하는 존경의 뜻입니다. 그런데 출가자들이 세속과 다름없이 이권을 차지하기 위해 폭력을 일삼고, 사음邪婬하고, 도박하는 등 문제가 많습니다. 이런 말세 시대에 출가자는 오히려 바른 정법을 펴는 재가자들에게 고개 숙여야 하는 건 아닐까요? 석가모니 부처님이 말씀하셨듯이 말세 시대에 미륵불은 출가자에게서 나오는 것이 아니라 재가자들 사이에서 나온다는 사실을 미리 예견하신 것도 아마 이 때문일 겁니다.

연기의 바른 이해

◆
◆

연기는 남에게서 시작되는 것이 아니라
나에게서 시작된다는 것을 알라.
이것이 연기의 진실됨이다.

내 행동이 바르면 남의 행동도 바릅니다. 내가 남에게 좋지 않은 소리를 하면 나에게 좋지 않은 소리가 돌아오고 내가 남을 칭찬하면 남도 나를 칭찬합니다. 이처럼 연기의 시작은 나의 행동과 말과 마음에서 시작된다는 것을 명심해야 합니다. 또한 연기는 물질적인 것과 비물질인 것에서 똑같이 작용합니다. 돈이나 재물 등은 물질을 가리키고 비물질인 화는 화끼리 연기하고 복은 복끼리 연기하는 등 정신적인 연기를 뜻합니다. 인간과 인간이 꽃과 꽃이 연기하여 새로운 것을 창조하는 것은 물질적인 연기입니다. 이러한 연기의 법칙을 바르게 깨우치면 이 세상의 모든 일이 연기 아닌 것이 없음을 알게 되고 공사상의 원리를 깨치게 됩니다. 이것이 바른 불법의 길입니다.

욕망도 성냄도 어리석음도 연기한다

◆
◆

탐하고 성내고 시기하지 말라.
탐욕도 연기를 일으키고
성냄도 연기를 일으키며
시기심도 연기를 일으켜서
자기를 절망으로 몰아갈 수 있다.

대개 '탐진치貪瞋痴'를 세 가지의 독이라고 해서 삼독三毒이라고 합니다. 오죽하면 탐욕과 성냄(화)과 시기심 같은 어리석음을 독이라고 할까요? 그런데 우리가 반드시 알아야 할 것은, 탐진치도 서로 연기한다는 겁니다. 탐욕이 연기를 일으켜서 더 큰 탐욕을 불러오고, 성냄이 연기하여 걷잡을 수 없는 화를 불러오고, 시기심이 연기하여 어리석음을 불러온다는 것입니다. 물론, 인간마다 다소의 차이는 있겠지만, 그중에서도 우리가 가장 경계해야 할 것은 성냄입니다. 인간이 성냄을 참으면, 탐욕도 시기심도 자연스럽게 사라집니다.

요즘 뉴스를 보면 마음에서 일어나는 성냄을 참지 못하고 폭력을 쓰거나 심지어 사람을 해치기까지 하는 일이 종종 일어납니다. 묻지마폭력도 성냄을 참지 못해 일어나는 일입니다. 그렇다면, 어떻게 해야만 내 몸속에 든 삼독을 없앨 수 있을까요? 나라는 경계를 버리고 남을 높이면 됩니다. 여기에서 경계를 버린다는 것은 내가 최고라는 아만심을 버리라는 뜻입니다. 그렇게 되면 성냄도 일어나지 않습니다. 남을 존중하는데 어떻게 성냄이 일어나겠습니까?

그렇다고 욕심을 완전히 비우라는 말은 더구나 아닙니다. 욕심은 자기 발전을 위해서도 필요한 것이기에 작은 것에도 만족하는 '소욕지족少欲知足'의 마음을 가지라는 뜻입니다. 작은 것을 소중하게 여길 줄 모르는 사람에겐 복도 들어오지 않습니다. 왜냐하면, 복도 연기하기 때문입니다. 또한 어리석음은 무지한 것보다 더 나쁜 것입니다. 자신이 가야 할 길이 아닌 데도 부화뇌동하거나 깊이 생각하지 않고 잘못된 길을 가는 것은 아니 가는 것만 못합니다. 사람은 지혜가 있어야 합니다. 지혜는 한순간에 증득되는 것이 아니라 꾸준한 자기 노력이 필요합니다. 만약, 사람들이 연기와 공사상을 바르게 깨치고 나면 그 순간부터 지혜가 증득하여 어리석음이 사라질 것입니다.

진리는 변하지 않는다

◆
◆

진리는 좌충우돌하지 않는다.
왜냐하면 진리는 둘이 아니라
오직 하나이기 때문이다.
연기와 공사상은 진리 그 자체이기에
변할 수도 없고 변하지도 않는다.

우리는 일반적으로 예수, 석가모니, 공자, 소크라테스를 4대 성인으로 꼽습니다. 그런데 그분들이 왜 성인으로 지금까지 불리고 있는지 그 이유를 막상 대라고 하면 대답하지 못합니다. 단지 사람들이 4대 성인이라고 부르기 때문이라고 합니다. 물론, 나도 모르지만, 그들이 모른다는 것과 내가 답하지 못하는 것에는 상당한 차이가 있습니다. 사람들이 4대 성인을 안다는 것은 그저 '알음알이'에 지나지 않습니다. '알음알이'는 깊은 지식이 아니라 단편적인 지식에 불과하기에 인간을 무지로 이끄는 원인이 되기도 합니다. 이것이 오늘날의 공부 방법입니다. 한심한 일이지요. 지금 우리가 가장 경계해야 할 일은 '묻고 바로 답을 구하려는 것'입니다. 진리를 탐구한다는 것은 그런 것이 아닙니다. 지금도 우리는 단순히 '알음알이'에 불과한 지식에 갇혀 더 큰 진리를 못 보고 있는 것은 아닌지 반성해야 합니다.

예수와 석가모니가 성인으로 추앙받는 가장 근본적인 이유는 인간이 가진 고민과 번뇌를 '즉문즉답'을 통해 풀어 주는 대기설법의 강자들이었기 때문입니다. 이를 테면, '중생이 묻고 부처가 답하다.'는 식이지요. 그분들이 뭇인간들로부터 지금까지 성인으로 추앙받아온 것은 이 때문이었습니다. 예수와 석가모니는 힘든 사람들의 마음을 움직이게 하는 설법의 힘을 가지고 있었던 것입니다. 하지만 아쉬운 것은 예수와 석가모니가 가진 뜻을 그 후세의 제자들이 진리를 올바로 전하는 데에 힘쓰지 않고 물욕에 병든 나머지 잘못된 가르침을 전파하고 있다는 것이 문제입니다. 본디 진리라는 것은 둘이 아니라 오직 하나이기에 좌충우돌하지 않습니다. 연기와 공사상은 위대한 진리입니다. 이러한 진리는 앞으로 수억 년이 지나도 금강석처럼 변하지 않습니다.

신은 있는가, 없는가

신은 있는가?
없는가?
오직 너의 마음이 결정한다.

한번은 석가모니 부처님이 신을 믿는 유신론자를 만난 적이 있습니다.

"신이 있다고 믿는가. 신은 없소이다."

유신론자는 석가모니 부처님의 말을 듣고 빈정거리면서 상스러운 욕설을 내뱉고 돌아갔습니다.

그런 후 석가모니 부처님이 신을 믿지 않는 무신론자에게 이런 말을 했습니다.

"신이 없다고 믿는가. 신은 있소이다."

무신론자 역시 석가모니 부처님의 말을 듣고 화를 내고 돌아갔습니다.

얼마 후 석가모니 부처님은 "신이 있는가. 없는가"를 묻는 구도자를 만나서는 침묵으로 일관했습니다.

그런데 석가모니 부처님의 우유부단한 대답을 듣고 있던 제자 아난은 무척이나 혼란스러워 참지 못하고 물었습니다.

"세존이시여, 어찌하여 유신론자에게는 신이 없다고 하시고 무신론자에게는 신이 있다고 하시고 구도자에게는 침묵하십니까?"

이에 석가모니 부처님이 아난의 물음에 즉시 답했습니다.

"어찌하여 그대는 어리석은가. 유신론자는 신의 존재가 있다는 정해진 답을 가지고 와서 나에게 신이 있다는 확신을 얻어내어 주위 사람들을 자기편으로 만들기 위해서이니라. 무신론자 역시 신의 존재는 없다는 정해진 답을 가지고 와서 나에게 신이 없다는 확신을 얻어내어 주위 사람들을 자신의 편으로 만들기 위해서이니라. 그래서 그들의 편견과 불신을 없애주기 위해서 그렇게 했느니라."

아난은 석가모니 부처님의 가르침을 듣고 깊이 생각하고 이렇게 말했습니다.

"그렇다면 세존이시여, 어찌하여 구도자에겐 침묵하셨습니까?"

석가모니 부처님이 말씀하셨습니다.

"구도자는 오직 자신만의 깨달음을 추구하는 수행자이다. 그가 깨달음을 구하기 위해서는 '있다 없다' 분별심 그 자체를 뛰어넘어야 진리를 깨칠 수 있기 때문이다."

아난은 석가모니 부처님의 말씀을 듣고 그제야 고개를 끄덕였습니다. 이것은 석가모니 부처님의 대표적인 '즉문즉답'식의 대기설법입니다. 당신은 어떻게 생각하십니까? 신은 있습니까? 없습니까? 당신도 이미 정해진 답을 가지고 타인에게 강요하고 있는 것은 아닐까요.

거울 앞에 선 나는 누구인가

❖
❖

얼굴에 때가 묻으면
거울 속의 얼굴에도 때가 묻어 있다.
거울 속의 나는 공사상이고
나를 비추고 있는 거울은
연기緣起의 대상이다.

내 얼굴에 때가 묻어 있으면, 거울 속의 내 얼굴도 때가 묻어 있습니다. 이렇듯 거울은 사물을 있는 그대로 비추어 한 치 거짓이 없습니다. 본래의 사물이 변하면, 그 사물을 비추고 있는 거울도 변하듯이 바른 세상이 되려면 거울을 비추고 있는 본래 사물에 거짓이 없어야 합니다. 내가 가면을 쓰고 상대를 대하면 상대도 가면을 쓰고 다가옵니다. 반대로 내가 착하고 정직하게 상대를 대하면, 상대도 나에게 진실한 마음으로 대합니다. 거울 속의 나는 공사상이고, 나를 비추고 있는 거울은 연기법입니다. 거울 앞의 내가 진실하게 보이려면 먼저 나를 가꾸어야 합니다. 이렇듯 공사상은 한 치의 오차도 없는 최고의 진리입니다. 거울 앞의 내가 진실하게 보이려면 먼저 나를 가꾸어야 합니다.

오계伍戒와 오계伍計

◆
◆

오계伍戒를 지키는 것도 중요하지만
오계伍計를 세우는 것이 더 중요하다.
오계伍計를 세우면
저절로 오계伍戒가 지켜지기 때문이다.

불교에서는 재가불자들에게 '오계伍戒'를 지키라고 합니다. '오계'는 불교의 가장 기본적인 다섯 가지 계율인데 불살생不殺生, 살아 있는 것을 죽이지 말라. 불투도不偸盜, 남의 것을 훔치지 말라. 불사음不邪婬, 간음하지 말라. 불망어不妄語, 거짓말하지 말라. 불음주不飲酒, 술을 마시지 말라. 입니다. 그런데 어찌된 일인지 재가불자들보다도 출가자들이 오계를 어기는 사례가 종종 목격됩니다. 이러다 보니 승가의 위신이 떨어질 때로 떨어져 있습니다.

그런데 '오계伍戒'는 인간이라면 지켜야 할 도리 같은 것입니다. 그래서 오계를 두고 중국의 유교관인 인仁·의義·예禮·지智·신信의 오상伍常과도 자주 비교하기도 합니다만 송나라 시절 주신중朱新中이 언급한 주어진 삶을 어떻게 살 것인가라는 다섯 가지의 오계伍計가 있습니다. 첫째, 생계生計, 어떻게 먹고 살 것인가. 둘째 신계身計, 병마로부터 어떻게 이겨낼 것일까. 셋째, 가계家計, 가족을 어떻게 잘 이끌 것인가. 넷째, 노계老計 노후를 어떻게 잘 보낼 것인가. 다섯째, 사계死計, 어떻게 죽을 것인가입니다. 물론, 불교의 오계도 유교의 오상도 중요하겠지만, 나로서는 인간이 살아있을 때 세워야 하는 '오계伍計'가 더 중요하다고 생각합니다. 왜냐하면 살아있을 때 '오계'를 잘 세우면 자연스럽게 불교의 '오계'와 유교의 '오상'도 저절로 지켜질 것이기 때문입니다. 이 또한 연기입니다.

49재의 진정한 의미

◆
◆
|
|
|
|

우리는 무언가를 얻기 위해 기도하지만
이것은 잘못된 기도 방법이다.
만약, 기도해서 얻어지는 것이 있다면,
일할 필요가 없고 기도만 할 것이다.
기도는 무언가를 얻기 위해 하는 것이 아니라
내 마음의 편안함과 행복을 얻기 위함에 있다.

기도의 본질은 기복에 있는 것이 아닙니다. 기도라는 것은 자신이 원하는 바를 얻기 위해 하는 것이 아니라, 마음의 편안함과 행복을 얻기 위함입니다. 무언가를 얻기 위해 기도하는 것도, 하나의 욕심입니다. 이런 점에서 보면, 49재에 대해서도 우리는 한 번쯤 다시 생각해 볼 필요가 있지 않을까요. 일반적으로 우리 불자들은 49재가 불교의 종교적 의식으로 생각하고 있지만, 사실은 중국의 무속巫俗에서 흘러나온 것입니다.

옛날에는 아기가 태어나면 건강하게 잘 자라라고 산신령에게 7일 동안 빌었습니다. 절에 산신각山神閣이 있는 이유입니다. 또 사람이 죽으면 시신의 식識이 일어나서 주위 사람들을 괴롭히기에 미리 코와 귀에 솜을 막고 시신을 7번이나 꽁꽁 묶었습니다. 이것이 49재의 유래입니다. 그런데 어찌된 일인지 사람이 죽으면 중음신中陰身으로 떠도는 49일 동안, 망자가 지은 업을 없애면 염라대왕이 심판하여 좋은 곳으로 가게 해 준다고 변질된 것이 오늘날의 49재입니다.

분명히 말씀드리지만, 석가모니 부처님은 그런 것을 설하신 바가 없습니다. 그렇다면 어떻게 해서 그런 종교적 의식이 오랫동안 남아 있는 것일까요? 그 또한 인간의 욕심이 만들어낸 하나의 기복에 불과할 뿐입니다. 그렇다고 무조건 천도재와 49재를 부정하는 건 아닙니다. 그래도 49재를 지낸다면 그 기간만이라도 돌아가신 부모님이나 망자에 대한 회상이나 연민, 그리움, 살아생

전 다하지 못한 불효를 사죄하는 참회의 시간으로 여기라는 것
입니다. 살기도 바쁜 세상에 또 언제 돌아가신 부모님을 그리워
하겠습니까? 자식이 부모님의 제사를 지내는 의미도 1년에 한 번
쯤은 부모님을 그리워하라는 뜻입니다.

고의 원인은 어디에서 오는가

모든 고의 원인은
누가 준 것이 아니라
나로부터 시작된 것임을 관찰하는 것이
진정한 수행이다.

《숫타니파타》 대품에 보면 다음과 같은 석가모니 부처님의 가르침이 있습니다.

"수행자들이여, 그대들이 집을 나와 세존에게 진리를 듣는 이유는 무엇인가. 바로 두 가지의 진리 때문이다. 하나는 '이것은 괴로움이다. 이것은 괴로움의 원인이다.'라는 관찰과 '이것은 괴로움의 그침이다. 이것은 괴로움을 그치게 하는 길이다.'라는 관찰이다. 수행자들이여, 이 두 가지를 바르게 관찰하여 게으르지 않고 정진하여 괴로움을 멸하면 다시는 번뇌로부터 헤매는 생으로 돌아오지 않을 것이다."

이것이 그 유명한 석가모니 부처님의 고집멸도에 대한 번뇌를 관찰하는 방법입니다. 우리 인간들은 날마다 괴로움 속에서 삽니다. 그런데 그 괴로움은 도대체 누가 만든 것일까요? 내가 만든 것이지 남이 던져 준 게 아닙니다. 다시 말해 석가모니 부처님의 가르침은 번뇌의 원인이 어디에 있는가를 잘 관찰하라는 것입니다. 만약, 이러한 번뇌를 관찰하지 못하면 영원히 괴로움에서 벗어날 수 없다고 하셨던 것입니다. 나는 석가모니 부처님의 가르침이 하나도 틀린 것이 없고 참으로 고귀하다는 사실을 잘 알고 있습니다. 왜냐하면, 하나하나의 가르침이 모두 마음을 울리기 때문입니다. 그런데 문제는 이러한 가르침들이 오늘날 불교에서 삼세 윤회설로 엉뚱하게 변질이 되어 다르게 해석되고 있기에 안타깝다는 것입니다.

석가모니 부처님의 고집멸도 중에서 "수행자들이 괴로움의 원인을 관찰하여 그 괴로움을 그치게 되면 번뇌로 헤매는 생으로 다시 돌아오지 않을 것이다."에 대한 것을 윤회로 잘못 해석했다는 뜻입니다. 이것이 후세의 제자들이 삼세윤회설로 비약적인 발전을 시켰던 원인입니다. 단언컨대, 중생의 삼세 윤회는 없습니다. 오직 살아있는 것들의 연기에 의해 생명이 이어지고 우주가 움직이고 있을 뿐입니다. 그렇기에 윤회라는 것은 새로운 생명의 탄생이기에 괴로움의 원인이 아니라 다만, 현생의 연기에 의한 윤회만이 있을 뿐입니다. 이를 두고 연기 윤회라고 합니다.

고苦로 인해 병이 생긴다

◆
◆

고는 저울에 무게를 달 수 없고
눈에 보이지도 않는다.
고를 들어내지 않고
마음속에 그대로 두면
그 형성력形成力에 의해
육신에 병이 생긴다.
이것이 모든 병의 원인이다.

《숫타니파타》에 보면 고의 '형성력形成力'에 대해 석가모니 부처님이 설한 법문이 있습니다.

"수행자들이여 모든 고의 원인은 형성력으로 인해 생긴다. 형성력을 남김없이 없애 버리면 고는 생기지 않는다."

여기에서 '형성력'이란 정신세계를 이루는 비물질이 쌓여 어떤 형상으로 나타나는 힘을 가리킵니다. 의학적으로 쉽게 풀이하면, 스트레스와 같은 것으로서 이것이 원인이 되어 육신의 병이 된다는 뜻입니다. 그런데 명심할 사항은 한번 형성된 병은 좀처럼 소멸하지 않는다는 것입니다. 혹시 당신은 걱정 안 해도 될 일을 걱정하거나 쓸데없는 곳에 집착해 스트레스를 받아서 마음과 육신의 병을 스스로 만들고 있지는 않은지 잘 살펴보아야 합니다. 지금 당신이 가진 고민은 십중팔구 쓸데없는 것들입니다. 이것이 바로 고의 원인이 되는 번뇌입니다. 번뇌가 쌓이면 고가되고, 형성력이 생겨서 결국에는 육신에 병이 생긴다는 걸 명심해야 합니다. 비우는 삶이 고의 원인을 제거하는 방법입니다.

화를 잘 다스려라

화는 보통 상대로 인해 일어난다.
상대를 이해하면 화가 사라지고
이해하지 못하면 화가 생겨난다.
화가 어디에서 비롯된 것인지를
잘 관찰하는 것이 연기이다.

화는 나와 상대 간에 발생하는 이해 충돌에서 생깁니다. 우리 속담에 두려운 개가 더 크게 짖는다고 합니다. 상대의 말이나 행동이 나의 의사에 반한다고 해서 먼저 화를 내는 건 상대에게 이미 지는 것이나 다름없습니다. 화를 내기 전에 상대가 왜 그런 말과 행동을 내게 하는지를 잘 관찰하면 화는 저절로 사라지게 됩니다. 행복과 불행의 열쇠는 상대가 쥐고 있는 것이 아니라 내가 쥐고 있기 때문입니다.

화를 내는 것도, 내 몸뚱이고 웃음 짓고 있는 것도 내 몸뚱이입니다. 못난 사람들은 항상 화의 원인이 상대 때문이라고 생각하나, 현명한 사람은 그 원인이 나에게 있음을 먼저 알아차립니다. 그래야 화를 자기 몸뚱이에서 깨끗하게 버릴 수가 있습니다. 그렇지 않고 자꾸 상대에게 화의 원인이 있다고 생각하면, 상대가 화를 버리지 않는 한 나는 화를 지울 수가 없습니다. 그러면 누가 손해일까요? 바로 나입니다. 이것을 연기와 공사상의 원리로 풀어내면 보다 쉽게 이해할 수 있습니다.

예를 하나 들어보겠습니다. 집에 꽃 화분이 하나 있습니다. 어느 날, 외출하고 돌아와서 보니 꽃이 말라 죽어 있습니다. 왜 꽃이 말라 죽어 있을까요? 그것은 내가 물을 주지 않았기 때문이지 꽃이 스스로 말라 죽은 것이 아닙니다. 꽃이 자라려면 당연히 햇빛과 물이라는 양분이 필요한데 그것을 공급받지 못했기 때문에 죽은 것입니다. 여기에서 물과 햇빛은 꽃과 연기하는 물질이면서 동시에 꽃은 '공사상' 그 자체입니다. 꽃이 물과 햇빛과 연기하지 못하면 사라지듯이 인간관계도 그와 똑같습니다. 내가 상대를 존경하고 잘 대하면 자연스럽게 상대도 나를 존경합니다. 반대로 내가 상대를 미워하면 당연히 상대도 나를 미워하게 됩니다. 연기는 반드시 똑같은 것끼리 이루어집니다. 이처럼 연기는 꽃과 같은 물질세계나 정신세계 같은 비물질세계에서도 항상 일어납니다.

나는 누구인가

깨달아서 부처가 되는 것이 아니라
본래 부처였던
나를 찾는 것이 진정한 공부이다.

여름 휴가철이 되면 산사마다 성황리에 템플스테이를 합니다. 그 프로그램에서 빼놓을 수 없는 것이 있는데 화두話頭를 참구하는 간화선看話禪 체험입니다. 불자들은 신선한 새벽에 일어나 선방禪房에 앉아서 스님이 준 '이뭣고' 화두를 들고 참구를 시작합니다. '이뭣고'는 '부모미생전父母未生前에 나는 누구인가'를 찾는 화두입니다. 여기에는 깊은 의미가 담겨 있습니다. 말하자면 '나는 누구인가?'라는 화두는 전생의 나를 찾아가는 것이 아니라, 나 자신이 본래 부처임을 똑바로 관찰하라는 것입니다.

본디 간화선은 '나는 본래 부처'라는 것에 기반을 두고 참구하여 차례로 다음 화두를 들어 마침내 큰 깨달음에 이르게 하는 선법입니다. 그렇기에 간화선의 본래의 뜻은 번뇌로 차 있는 나에게 '말과 생각의 길을 끊어 내어 본래 부처인 나를 찾는 데에 있습니다. 그런 관점에서 보면, 화두 참구를 통해 깨달음을 얻어서 '부처가 된다'는 생각은 아주 잘못된 견해입니다. 왜냐하면, 우주 만물 자체가 바로 부처이고 내가 바로 부처이기에 화두 참구를 통해 부처가 된다는 건 한마디로 억지라는 것입니다.

나 자체가 본래 부처이기에 간화선을 통해 마음을 닦고 번뇌를 털어내어 부처였던 나로 돌아온다는 것이 정확한 표현입니다. 즉 '본래 부처인 나를 똑바로 보라'는 의미입니다. 이것이 바로 '본래성불本來成佛'입니다. 그런데 어떻습니까? 지금 승가에서는 '본래성불'의 의미조차 잘못 이해하여 화두를 닦아야만 반드시 깨달음을 얻는다고 강조하고 있습니다. 바른 진리는 참된 스승이나 선지식의 가르침을 통해 얻어집니다. 부처가 되는 길은 결코 먼 길이 아닙니다. 자신이 내뱉는 말과 행동, 이 두 가지만 잘 다스려도 부처가 되는 것은 물론, 인생의 절반은 성공한 것입니다.

종교는 어두운 곳을 밝히는 빛이다

종교는 어두운 곳을 밝혀 주는
한 줄기 빛이 되어야 하고
성직자는 힘들고 어려운 곳을 살피는
사람이 되어야 한다.
이것이 올바른 종교의 길이다.

역전에서 노숙자들을 만나면 가끔 나는 밥 사 먹으라고 돈을 나눠 줍니다. 개중에는 두 손으로 공손하게 받는 이들도 있지만, 안 준다고 떼를 쓰는 노숙자들도 가끔 있습니다. 그렇다고 나는 그들을 단 한 번도 불쌍하게 여긴 적이 없고, 차별한 바도 없습니다. 왜냐하면 그들도 누군가의 자식이었고 남편이었고 아내였기 때문입니다.

그들을 거리로 내몬 이들은 누구일까요? 물론, 원인은 노숙자들 자신에게 있겠지만, 엄밀히 따지면 이 사회일 수도 있습니다. 그들의 초점 없는 눈빛을 바라보면 그 어떤 희망의 한 줄기 빛조차 없어 종교인의 한 사람으로서 그저 안타까울 뿐입니다. 더 중요한 건 노숙자들은 자신에 대해 그 어떤 반성이나 부끄러움조차 없다는 사실입니다. 사람이 부끄러움을 자각한다는 것은, 삶의 의지를 스스로 발견하는 것과 같습니다.

한번은 한 노숙자를 만나서 역전 부근 식당에 가서 밥을 사주면서 이렇게 물어본 적이 있었습니다.

"왜 이렇게 힘들게 살고 있는가?"

"그냥 마음이 편해서 삽니다."

"이렇게 사는 게 편하다니 그게 무슨 말인가?"

"내일을 걱정하지 않아도 되니까요?"

나는 걱정 없이 살 수 있다는 그 말이 단번에 거짓말임을 한 눈에 알 수 있었습니다.

"돈이 없으면 당장 밥을 사 먹을 수 없을 테고 날씨가 추우면 잘 때를 걱정해야 하는데 어째서 걱정이 없다는 말인가?"

그제야 노숙자가 눈물을 글썽였습니다.

"아무런 희망이 없는데 어떻게 할 수 있겠습니까?"

"스스로 길을 찾아야지 하루 이틀도 아니고 어떻게 이렇게 보내겠는가. 내가 자네 할 일을 찾아주면 열심히 일하겠는가?"

그런 후 그에게 지인을 통해 일자리를 준 적이 있습니다. 지금은 가장으로 돌아가서 열심히 잘살고 있습니다. 지금이라도 늦지 않았습니다. 노숙자들이 자신의 길을 갈 수 있도록 종교인들이 나서면 좋겠다고 생각합니다. 열 명 중에서 단 한 명이라도 자신이 가야 할 길을 찾을 수 있다면, 그것이 성직자들이 할 일입니다.

우주의 본성을 깨치라

◆
◆

우주의 본성本性인
연기와 공사상을 깨우치면
모든 것이 눈에 보이고
모든 것이 귀에 들린다.

가끔, 바닷가 공원 근처에 나가서 갈매기를 바라봅니다. 그 갈매기들은 사람들 곁에 다가와 먹이를 달라고 소리칩니다. 그러다가 새우깡이라도 하나 던지면, 주변의 갈매기들까지 날아와서 순식간에 낚아챕니다. 나는 그것을 바라보면서 갈매기들이 인간들이 저지른 타성他性에 젖어서 먹이를 스스로 구해 먹어야 하는 본성本性을 잃어버린 것 같아서 쯧쯧 하고 혀를 찹니다. 이곳 바닷가의 갈매기들은 사람들에 의해 길들여져 스스로 먹이를 영원히 구하지 못할지도 모른다는 생각이 들기도 합니다.

바다와 바람과 파도와 갈매기 그 중심에는 나라는 존재가 있습니다. 나라는 존재가 없으면 바다와 바람과 파도와 갈매기도 없습니다. 그렇기에 인간과 바람과 파도와 갈매기는 바다와 연기하는 대상이고, 바다 그 자체는 공사상입니다. 왜냐하면 바다 자체는 영원히 변하지 않기 때문입니다. 이것을 깨우치면 세상 만물의 이치가 눈에 보이고 귀에 들립니다. 이렇듯 하늘과 바다, 산과 강이라는 대자연은 본래불本來佛이기에 그 자체는 변하지 않습니다. 변하는 것은 그 주변의 대상입니다. 다시 말해, 본래불인 자연을 인간이 훼손하지 않는 한 대자연은 영원합니다. 그런데 어떻습니까? 인간의 타성에 젖은 갈매기처럼, 인간만이 자연을 함부로 훼손하고 있다는 생각이 들지 않습니까? 공사상은 이러한 이치를 바로 깨달아 아는 것입니다.

이기利己와 이타利他

❖

상대를 이기심으로 받아들이면
내가 괴로워지고
상대를 이타심으로 받아들이면
내가 행복해진다.
연기의 가르침은 '자리이타'에 있다.

며칠 전, '묻지마살인'으로 인해 아무런 잘못도 없는 한 젊은이가 소중한 목숨을 잃었습니다. 그 범죄자가 살인을 저지른 이유가 단지 '남들이 행복하게 사는 게 보기가 싫어서'라고 합니다. 만약, 그곳에 있었다면 내가 죽을 수도 있었다고 생각하니 기가 막히다 못해 참으로 무서웠습니다. 만약, 그가 연기를 제대로 알고 있었더라면, 이런 일을 저질렀을까? 하는 생각까지 듭니다.

지금 우리는 지옥 같은 세상 속에서 살고 있습니다. 이처럼, 세상에 일어나는 폭력과 살인, 도둑질 심지어 전쟁도 모두 인간의 이기심利己心에서 발생하는 것들입니다. 종교가 존재하는 이유는 이러한 인간의 이기심을 버리고 이타심을 가지기 위해서입니다. 그렇지 않다면 종교의 가치는 무의미합니다.

그런데 어떻습니까? 어떤 종교는 신만 믿으면 현생에 그 어떤 짓을 해도 천국에 간다고 합니다. 또 어떤 종교는 현생에 기도만 열심히 하면, 극락에 간다고 합니다. 이것이 과연 바른 종교의 길일까요? 천당과 지옥은 있다고 믿으면 있는 것이고, 없다고 믿으면 없는 것처럼 오직 자신의 마음이 만들어 내는 것입니다. 중요한 건 남을 위하는 이타심입니다. 타인의 마음을 이해하고 받아들이면, 마음이 편안해지고 괴로움도 사라집니다. 이기심으로 상대를 대하는 사람은 결코 마음의 안락을 얻을 수 없습니다. 이기심은 또 다른 이기심과 연기하여 나쁜 결과로 이끕니다.

그러므로 바른 연기의 법칙은 나도 이롭고 남도 이롭게 하는 '자리이타自利利他'에 있습니다. 이것이 대승입니다. 오늘날 종교가 점점 이기로 치닫는 이유는 재물에 대한 욕심 때문입니다. 종교인은 재물에 대한 욕심을 애초에 버려야 합니다. 성직자가 이타에 깊은 뜻을 품지 않고 오직 이기에만 물들어 있다면, 그 순간부터 종교인이 아닙니다.

마음을 항상
공에 두라

파도는 가만히 있으면 치지 않는다
바람이 부니까 파도가 치는 것이다.
바람이 세면 파도가 거세지듯이
사람의 마음에 번뇌의 바람이 거세지면
집안에 풍파가 일어난다.
바다는 공이고 바람과 파도는 연기법이다.
내 마음을 넓은 바다처럼 항상 공에 두라.

연기와 공사상은 제법실상이다

◆
◆

연기와 공사상은

제행무상諸行無常도 아니며

제법무아諸法無我도 아니고

열반적정涅槃寂靜도 아니며

제법실상諸法實相이다.

✦ 불교의 근본 교의는 '제행무상, 제법무아, 열반적정'을 바탕으로 하는 '삼법인三法印'을 가리킵니다. 세 가지의 법에 도장 인印을 붙이는 뜻은 고정불변의 진리임을 확실히 증명하기 위함입니다.

일반적으로 '제행무상'은 만물은 고정되어 있지 않고 생멸을 거듭하면서 영원하지 않고 무상하다는 가르침을 말하고, '제법무아'는 만물은 인연에 의해 생긴 것이기에 본래 자아自我라는 것이 없는데 인간들이 자아에 집착한다는 가르침이며 '열반적정'은 인생 그 자체가 고苦이며 무상 무아이기에 생사윤회의 고통에서 벗어나기 위해서는 열반을 구해야 한다는 게 주된 가르침입니다. 그런데 문제가 있습니다. 이 삼법인이 대승大乘에 근거를 둔 게 아니라, 단지 깨달음만을 추구하는 소승에서 발단된 교의라는 점입니다.

지금의 한국불교는 겉으로는 《금강경》을 소의경전으로 한 선불교와 보살 정신을 가진 대승大乘을 내세우고 있으나 소승의 교의인 삼법인을 논하고 있다는 게 더 큰 문제라는 것입니다. 아니, 어쩌면 삼법인이 대승인지 소승인지조차 구분하지 못하고 있는 것은 아닐까요? 더구나 열반과 해탈의 의미조차 제대로 구분하지 못하는 실정입니다.

심지어 열반을 죽음과 연결하여 '육도윤회를 끊은 상태'라고 하여 석가모니 부처님이 살아계실 때 깨친 것조차 '완전한 열반'이 아니라 '반 열반'이라고 스스로 폄훼하고 '생전에 깨달은 자는 죽어야만 완전한 열반을 이룰 수 있다.'라고 과대포장하고 있습니다. 해탈의 진정한 의미는 고의 원인이 되는 모든 번뇌를 여읜 상태를 뜻합니다. 그렇기에 우리 현대인들에게는 열반이 중요한 게 아니라 고의 원인인 번뇌로부터의 해탈입니다.

따라서 우리가 배워야 할 것은 소승적 시각인 삼법인이 아니라 실상에 입각한 연기와 공사상의 원리입니다. 인간은 숨이 딱 끊어지는 순간 모든 것이 끝납니다. 깨달음도 살아 있어야 필요합니다. 연기와 공의 이치는 오직 살아있을 때 가능한 것입니다. 그렇기에 연기와 공사상은 무상도 무아도 열반도 아닌 '제법실상'인 것입니다.

자유자재한 사람이 되라

◆

자유자재한 사람이 되면
자신에게도 당당해지고
불의 앞에서도 당당해지고
좋은 도반과 선지식이 넘친다.

자유자재함이란 남의 이목이나 관심 따위에 상관없이 마음먹은 대로 행동할 수 있음을 뜻하는 고사성어입니다. 그래서 불교에서는 수행자가 큰 깨달음을 얻으면 이러한 자유자재함을 얻을 수가 있다고 합니다. 본디 수행자는 모든 만물의 현상들을 가지고 '좋다 나쁘다, 많다 적다, 길다 짧다, 예쁘다 못났다'라고 분별하지 않고 다만, 있는 그대로 사물을 봅니다. 왜냐하면, 분별심 그 자체가 바로 중생법이기에 수행자는 마땅히 분별심을 버려야 하기 때문입니다. 그런데 요즘 보면, 자유자재함을 가진 종교인은 눈 씻고 보아도 없다는 것이 큰 문젯거리로 등장하고 있다는 것입니다.

목사와 스님들이 분별심을 가지고 사회를 선동하는 모습이 바로 그것입니다. 그들은 평범한 시민들보다 더 이권에 매인 듯해서 씁쓸할 지경입니다. 물론, 사람이 자유자재함을 스스로 증득한다는 건 정말 힘든 수행임은 분명하지만, 이 또한 바른 진리를 만나 배우고 깨치면 언제든지 가능한 일입니다. 그 방법은 좋은 도반이나 훌륭한 선지식을 만나는 것입니다.

사람이 자유자재함을 얻으려면 먼저 상대나 사물의 이치를 긍정의 눈으로 바라봐야 합니다. 상대를 의심하거나 사물을 바라보는 눈이 긍정적이지 못한 사람은 매사가 부정적이기에 자기로부터 결코 자유자재할 수 없습니다. 이런 마음을 가진 사람에게는 곁에 좋은 도반이 오지도 않고, 또한 선지식이 눈에 보이지도 않습니다. 그렇기에 자유자재함의 적適은 자기만 생각하는 이기심과 자기만 최고라는 아만심인데 의외로 성직자들이 더 많이 가지고 있다는 점입니다. 한국에서 종교가 더 발전하려면, 이러한 성직자들이 사라지고 대중 속으로 깊숙이 들어가 대중과 함께하는 성직자들이 많이 나타나야 합니다. 이것이 바른 종교의 길이 아닐까요? 말은 그렇게 하고선 잘못된 행위를 한다면 그건 성직자가 아니라 사회의 악입니다.

죽음이란 무엇인가

◆
◆

인간은 식識에 의해 생겨나고 사라진다.

식은 사유하는 힘이고 살아가는 힘이다.

무상하다는 것도 식이 끊어진 뒤에 생기는 것이고

무아도 식이 끊어진 뒤에 생기는 것이다.

식이 끊어지면 혈血이 멈추고 살이 멈춘다.

이것을 두고 우리는 죽음이라고 한다.

우리가 보고, 듣고, 맛보고, 말하고, 느끼고, 행하는 것은 살아있기에 일어나는 식의 작용입니다. 반대로 죽은 사람은 보고, 듣고, 맛보고, 말하고, 느끼고 행할 수 없습니다. 우리가 살아가는 이유는 행복하기 위해서입니다. 행복이 없다면 살아야 할 이유도 없습니다. 인간의 삶이 단지 무상하고 무아라고만 생각한다면 돈을 벌 필요도 없고, 지식을 쌓을 필요도 없고, 자식을 낳을 필요도 없듯이 삶 자체가 무상하고 부질없는데 이런 것이 왜 필요합니까? 그렇기에 불교가 지닌 무상 무아는 지나친 허무주의적 시각에 지나지 않습니다. 연기와 공사상이라는 훌륭한 가르침이 있으면서도 오늘날 불교가 자꾸 염세주의로 빠지는 것은 '삼세 윤회설'에 입각한 무상 무아에만 초점을 두고 있기 때문입니다. 전생의 업이 강하면 현생에 그 영향을 미친다는 허무맹랑한 기복 신앙은 오히려 종교 생활에 악영향을 미칩니다. 이제는 바른 종교의 가르침이 필요한 때입니다.

진리는 있는 그대로 보는 것이다

◆

바다는 바다로 보고
강은 강으로 보듯이
있는 그대로 만물을 관찰하면
그 자리에서 진리가 보인다.

바다가 강이 될 수 없고 강이 바다가 될 수 없듯이, 또한 살아 있는 감나무가 꽃을 피우고, 죽은 감나무는 꽃을 피울 수 없듯이 있는 그대로 사물을 바라보면 진리가 보입니다. 그렇지 않고 귀신과 다름없는 조상이나 눈에 보이지 않는 것에 자꾸 집착하면, 그것이 더 큰 두려움을 만들어서 자신을 병들게 한다는 사실을 알아야 합니다. 이렇듯 눈에 보이는 것만이 그대에게 진리가 될 수 있습니다.

초기 경전에 보면 석가모니 부처님조차도 자신의 업은 오직 자신만이 업을 해소할 수 있다고 하여 '정업은 난면'이라고 했으며 또한 '신과 악마와 사문과 바라문과 인간의 공존'을 부정한 바가 있습니다. 그래서 지혜로운 성자는 이것을 바로 아는 것이라고 했습니다. 그렇지 못하면, 번뇌가 생겨나서 어둠 속에서 헤매게 될 것이라고 강조한 바 있습니다. 이것은 무얼 말하는 것일까요? 있는 그대로 사물을 관찰하라는 뜻입니다.

연기를 알면 부자가 된다

돈이라는 물질도
연기에 의해
들어오고 나간다.

✦ 돈을 벌려면, 어떻게 해야 합니까? 아무런 일도 하지 않고 가만히 앉아있으면 돈이 들어옵니까? 들어오지 않습니다. 그런데 누구는 죽도록 일을 해도 손에 쥐는 것은 쥐꼬리만큼이지만, 누구는 설렁설렁 일을 해도 많은 돈을 법니다. 이것은 누구 탓도 아니고 그동안 자신이 한 行의 결과입니다. 부가가치가 있는 일을 하면 벌어들이는 돈도 많지만 그렇지 못하면 버는 돈도 적습니다. 중요한 것은, 어떤 것과 연기하여 창조적인 일을 하는가에 달려 있습니다. 좋은 인연을 만나서 연기하려면 열심히 노력하여 평소에 자신의 실력을 닦아 둬야 합니다. 그렇지 못하면, 좋은 인연을 만나지 못하는 건 물론, 돈도 많이 벌지 못합니다. 원래 돈이라는 것은 내 것이 아닌 남의 것이기에 내 것으로 만들기 위해서는 남이 하지 않는 창조적인 노력을 계속해야 합니다. 이 세상의 모든 일은 혼자 되는 것이 하나도 없습니다. 모든 것이 연기에 의해 이루어집니다. 이것이 바로 연기에 의한 공의 원리입니다.

연기를 깨치면 행복이 온다

◆
◆

괴로움과 행복은 상호작용하므로
괴로움의 원인이 어디에 있는가를
잘 관찰하면 자유로워지고
마침내 행복을 얻을 수 있다.

세상은 괴로움과 행복이 늘 유기적으로 상호 작용을 일으킵니다. 다시 말해 괴로움이 있으면 행복이 있고, 행복이 있으면 괴로움이 반드시 있습니다. 살면서 어찌 행복만 있을 수 있고 괴로움만 있을 수 있겠습니까? 중요한 것은 행복을 얻기 위해 자기가 어떤 노력을 하고 있느냐입니다. 행복은 매우 복잡 미묘해서 자신만의 노력으로 얻어지는 게 아니라, 철저한 연기에 의해 이루어집니다. 내가 남에게 좋은 일을 하면 좋은 일이 생겨 마음이 행복해지지만 내가 남에게 악을 저지르면 나쁜 일이 생깁니다. 그래서 불교에서는 행복과 괴로움은 누가 만들어주는 게 아니라, 자기 스스로 만들기에 선업善業도 악업惡業도 짓지 않는 '불선업不善業'을 행하라고 합니다.

하지만, 이것은 어디까지나 인간의 행복과 괴로움을 소승적 관점에서 본 잘못된 가르침입니다. 지금까지 이 세상이 이만큼 발전하고 성장할 수 있었던 절대적인 이유는 악보다는 선이 훨씬 강했기 때문이고, 지금도 선이 세상을 움직이고 있습니다. 그런 관점에서 보면 성불이니 깨달음이란 것도 이 사회와 더불어 사는 가운데 얻어질 수 있습니다. 지금은 너와 내가 더불어 사는 사회입니다. 너와 나는 연기적 관계로 이어져 있으며, 단 하루라도 떨어져 살 수 없습니다.

그런데 이런 연기적 관계에 놓인 너와 내가 행복해지려면 어떤 방식으로 살아야 할까요. 문제는 간단합니다. 나를 내려놓고 상대의 견해를 먼저 관찰한 뒤에 나의 견해를 밝히는 것입니다. 대화로서 풀리지 않는 세상의 일은 하나도 없습니다. 이것이 인간관계를 좋게 하는 최상의 비결입니다.

만물은 연기에 의해 움직인다

◆
◆

나무가 그냥 자라는 것처럼 보이고
꽃이 그냥 피는 것처럼 보이고
바람이 그냥 부는 것처럼 보이지만,
만물은 하루도 쉬지 않고 연기하고 있다.
이것을 바로 알아차리는 것이 진정한 깨우침이다.

나무와 꽃이 자라려면 물이라는 양분과 빛이 필요하듯이 만물은 혼자 존재할 수 없고 항상 연기에 의해 존재합니다. 인간도 마찬가지로 나 혼자 세상을 살아갈 수 없습니다. 매일 우리가 먹는 쌀과 채소는 어디에서 나옵니까? 농부가 피와 땀으로 키운 쌀을 돈으로 사서 먹고, 농부는 그 돈으로 다른 물건을 삽니다. 이러한 평범한 이치 속에 진리가 들어 있습니다. 이렇듯 부처는 딴 곳에 있는 것이 아니라 자연의 평범한 이치를 잘 관찰하고 이것을 바로 알아차리는 것을 가리킵니다.

승가僧家의 스님들도 '나무와 꽃과 하늘이 부처요, 강과 바다가 부처'라고 하면서 깨달음을 얻어 부처가 되겠다고 땀을 뻘뻘 흘리면서 선방에서 수행하고 있습니다. 이것을 보면 참으로 아이러니합니다. 수행자들이 말하는 깨달음은 도대체 무엇을 말하는지요? 똥막대기가 부처임을 바로 알아차리라는 것일까요? 개에게도 불성佛性이 있음을 안다는 것일까요? 아니면 토끼에게 뿔이 있고 거북이에게 털이 있음을 아는 것일까요? 이것을 두고 승가에서는 격외格外의 경지라고 말합니다만, 거의 말장난에 가까운 건 아닐까요? 본디 간화선의 목적은 깨달음을 구하기 위해서가 아니라 지혜를 얻기 위함입니다.

남녀가 사랑하여 자식이 태어나고, 새가 알을 낳아서 새끼가 태어나고, 꽃이 씨를 퍼뜨려서 또 다른 싹이 나는 것을 알아차리는 것이 바로 깨달음이 아닐까요? 그렇다고 깨달음의 수행을 실천하고 있는 스님들을 폄훼하고 싶은 생각은 추호도 없으나 하고 싶은 말이 꼭 있습니다. 진정한 깨우침이란, 우리가 지금 눈으로 바라보고 있는 삼라만상이 모두 부처임을 알아차려, 만물이 연기에 의해 생겨나 새로운 것을 창조하는 공의 원리를 바르게 이해하는 것이 아닐런지요. 그렇기에 경문經文에도 '처처處處에 부처가 있다'고 하지 않았습니까?

인간은 환생할 수 있다

인간이 죽으면 육신은 사라지고
영혼은 귀신으로 우주를 떠돈다.
만약, 인간이 살아 있을 때
연기와 공사상을 깨치고
광명의 빛에 의해 수계를 받으면
반드시 환생할 수 있다.

인간의 사후세계는 아무도 모릅니다. 그러나 이 지구가 소멸하지 않고 하루도 빠짐없이 새로운 생명이 끝없이 이어지는 것은 죽음이 끝이 아님을 알 수 있습니다. 나고 죽고, 죽고 나는 생멸 속에서 우주가 순환하는 것입니다. 지금까지 학자들이 '죽음에 관한 연구'를 끝없이 해왔던 것도 이러한 생명의 신비 때문이지요. 그동안 그들이 밝혀낸 것은, 만물의 생성生成은 태양의 빅뱅으로 인해서이고 죽음 뒤에도 분명히 사후세계가 존재한다는 것입니다. 그래서 생겨난 것이 환생설입니다.

생명의 탄생이 끝없이 일어나는 이유는 연기 때문입니다. 인간이 인간과 연기하고 동물과 동물이 연기하고, 곤충과 곤충이 연기하고 식물과 식물이 연기하여 새로운 것이 생겨나는 이유도 바로 태양의 빛이 있기에 가능한 것입니다. 그러한 것을 보면 사람의 환생도 태양의 빛에 의해 이루어진다는 사실을 유추할 수 있습니다. 그러므로 살아 있을 때 이러한 연기에 의한 공사상을 용화대불에게 바르게 깨친 뒤 광명의 빛을 수계 받으면 누구나 환생할 수 있습니다.

공사상이란 무엇인가

공^空은 '있다. 없다.'라는 분별심을 떠난
무념^{無念}의 단계를 가리키고
사상^{思想}은 공이 가진 진리를
끝없이 사유하는 정신을 가리킨다.
그렇기에 공은 비어 있는 허공이나
부질없음을 뜻하는 무상이나
자아가 없음을 뜻하는 무아가 아니라
우주의 본성으로 꽉 차 있음을 가리킨다.

현 불교에서는 만물이 '불성佛性'을 지니고 있음을 알게 되면 '부처'와 '중생'이 둘이 아니라 하나임을 알게 된다고 하고 이것을 '공'이라고 가르치고 있습니다. 그래서 중생이 불성을 깨치면 '부처'가 되나 모르면 '중생'으로 떨어진다고 합니다. 그런데 이러한 가르침은 우주 본성이 곧 공임을 모르고 하는 소리입니다. 왜냐하면, '공'이란 것은 부처를 가리키는 '불성'과는 아주 다른 성질의 것으로서 우주를 이루는 본성인 '공성空性'에 그 바탕을 두고 있기 때문입니다. 예를 들면, 사과가 나무 아래로 떨어지는 이유는 중력이 원인이고 앞으로 나아가는 것이 멈추면, 관성에 의해 앞으로 쓰러집니다. 이것이 바로 우주의 본성인 '공성'입니다. 그런데 오늘날 불교는 공의 이치를 오직 불성에만 두고 공을 깨치면 불성을 얻어 부처가 된다는 이상한 논리를 펴고 있습니다.

그래서 개도 깨우치면 부처가 된다고 해서 '개에게도 불성이 있다'라고 강조하고 있습니다. 사실, '개도 깨치면 부처가 된다'는 말은 '개같이 나쁜 사람도 개과천선하면 부처가 된다'는 말이니 얼마나 좋습니까. 그런데 이러한 가르침이 오늘날 한갓 말장난처럼 들리는 건 무슨 이유일까요? 과연 개가 부처가 될 수 있을까요? 이것은 공의 바탕이 되는 성품, 즉 '공성空性'을 잘 모르기 때문은 아닐까요?

'공성'은 우주 자체가 가지고 있는 본래의 성품을 가리킵니다.

눈으로 보면 우주 자체는 광대하여 꼭 비어있는 것 같지만 사실은 연기에 의해 꽉 차 있는 것을 말하므로 하등 불성과는 다른 성질의 것입니다. 그렇기에 지금이라도 연기와 공사상의 원리를 불자들은 다시 배워야 합니다. 우리 불자들은 그동안 불교는 불성의 종교라고만 알고 있습니다. 그러나 불교는 부처에 있는 것이 아니라, 만물의 이치인 공사상을 제대로 깨우치는 종교입니다.

업장은 무거운 짐이다

업장業障은 등에 진 무거운 짐과 같다.
스스로가 지은 업을 가지고
평생을 산다는 건 고행이다.
자신이 지은 업을 비우려면
탁한 물에 맑은 물을 섞듯이
선업善業을 많이 쌓고
선지식에게 진리를 깨치고 수계를 받으면
업장이 사라지고 큰 복이 찾아온다.

누구나 몸과 입, 생각, 신구의身口意 '삼업三業'으로 업을 짓습니다. 그 업이 쌓여 무거운 짐이 되면 가족들에게도 좋지 않은 영향이 미쳐 모든 일이 잘 풀리지 않습니다. 그런데 문제는 자신이 지은 업은 스스로 해소하지 않으면 좀처럼 사라지지 않는다는 것입니다. 그렇다면 살면서 자신이 지은 업을 어떻게 풀어야 할까요? 두 가지의 방법이 있습니다. 탁한 물을 맑게 하려면 맑은 물을 많이 섞어야 하듯이 선업善業을 많이 지어서 업을 소멸시키거나, 선지식을 찾아가서 참회하고 수계를 받으면 현생에 지은 업이 사라지고 큰 복이 찾아옵니다. 선지식은 자신을 바른 길로 인도하는 스승과도 같기에 어떤 선지식을 만나는가는 매우 중요한 일입니다.

더구나 불교에서는 수행자가 깨달음을 얻기 위해서는 숙세의 업을 지우고 반야의 경지에 들어가야 한다고 합니다만, 그건 아닙니다. 현생의 업도 지우기가 힘든데 알지도 못하는 전생의 업까지 어떻게 지울 수 있겠습니까? 또한 수행자가 깨달음을 얻어 반야의 경지에 들어서려면 탁한 식識은 버리고 오직 맑은 식識을 취해야 한다고 강조하지만, 그것까지 불자들에게 요구한다는 건 사실상 무리입니다. 더구나 석가모니 부처님조차 업을 스스로 다 지우지 못했다고 고백하지 않았습니까? 인간은 누구나 살면서 업을 짓기 마련입니다. 우리가 먹는 고기도 불교적 관점으로 해석하면 업이듯이 업 아닌 것은 이 세상에 단 하나도 없습니다.

그러니 우리 인간들이 어떻게 업을 짓지 않고 살아갈 수 있겠습니까?

그런데 이러한 중생의 업관業觀은 석가모니 부처님 열반 후 100년이 지난 부파불교 시대에 등장한 삼세 윤회설부터 나타나기 시작하여 공사상과 접목하게 됩니다. 중생이 깨달음을 얻어서 부처가 되려면 전생과 현생에 지은 업들을 모두 지워야만 하는데 살아서는 도저히 이루지 못하고 죽어야만 완전한 열반을 이룰 수 있다고 주장했던 것입니다. 초기 불교에서는 왜 이런 논리를 폈던 것일까요? 이것은 깨달음의 잘못된 이해 때문입니다. 깨달음은 무의식 속에서 일어나는 완전한 정신세계의 공을 가리키는데도 불구하고, 초기 불기 수행자들은 깨달음을 얻으려면 자신이 살고 있는 이 세계를 벗어나야만 했던 것입니다. 즉 무상과 무아의 잣대를 들이대어 이것이 마치 공인 것처럼 인식한 까닭입니다. 사실상 이것은 심각한 공사상에 대한 오류입니다.

이 때문에 그 당시의 수행자들은 자신의 업을 모두 지우기 위해서는 완전한 열반인 죽음에 들어서야 한다고 생각했던 것입니다. 이것은 한마디로 비관적이고 염세적이고 관념적인 발상입니다. 과연, 인간에게 전생에 지은 숙세宿歲 업이 있을까요? 있다면 그 또한 마음이 지어낸 것은 아닐까요? 중요한 것은 현생에 지은 업을 스스로 해소하는 일입니다. 그래서 인간은 죄를 지어서 업을 만들지 말아야 한다는 겁니다. 그런데 죽음이 곧 열반이

며 공사상이라는 개념은 시대와도 맞지 않을 뿐더러 우주의 본
성에도 역행하는 것입니다. 이제는 이런 관념적이고 비현실적인
것이 공이라는 생각에서 벗어나야 합니다. 공사상은 업의 해소
가 아니라 연기에 의해 새로움을 창조하게 만드는 깊은 사유입
니다.

불교는 미래 종교가 되어야 한다

◆
◆

불교의 무상 무아 사상은
우주의 본성인 공사상을 잘못 이해하여
인간을 관념적이고 허무주의로 빠지게 하여
동양의 발전을 더디게 한 원인이 되었다.
불교가 발전하려면
미래를 바라보는 종교가 되어야 한다.

⊕ 동양의 불교 국가인 미얀마, 캄보디아, 라오스, 베트남, 티베트, 중국 등은 과거 독재자들이 지배하는 대표적인 공산국가들이었습니다. 독재자들은 자신들의 독재 정권을 유지하기 위해 국민을 예사로 탄압하고 죽였습니다. 천수천탑의 불상으로 찬란한 동양의 대표적인 불교국가인 미얀마는 지금도 정세가 불안한 상황입니다. 살생하지 말라는 불교의 절대적인 금계禁戒가 있음에도 불구하고 왜 독재자들은 국민의 목숨을 파리처럼 다루었을까요?

그 근원은 불교의 발상지인 인도에서 불교가 융성하게 된 계기를 살펴보면 더 자세하게 알 수 있습니다. 당시 인도는 브라만교의 카스트제도가 인간의 신분을 철저하게 네 등분하여 인간의 삶을 핍박하고 있었습니다. 석가모니 부처님은 이러한 카스트제도가 인간의 존재를 핍박한다는 사실을 깨닫고 만물은 평등하다는 '중도사상中道思想'를 펼쳐나가게 됩니다.

인도의 초기 불교가 융성하게 된 이유도 인도 마우리 왕조 아소카 왕의 강력한 지원이 있었기에 가능한 일이었습니다. 인도의 마우리 왕조의 아쇼카 왕은 거대한 인도를 통일하기 위해 전쟁을 거듭하며 무수한 살생을 저질렀습니다. 그런데 석가모니 부처님이 표방한 '중도사상'이 자신의 죄업을 소멸하고 세상을 통합하는 데 큰 도움이 된다는 사실을 알고 석가모니 부처님의 교리를 전적으로 받아들여 발전시키게 되었던 것입니다. 그 후

불교는 중앙아시아로 전파되고 상인들의 전격적인 지지에 힘입어 동북아의 중국을 통해 한국과 일본에 불교가 유입되었던 것입니다.

그런데 문제는 석가모니 부처님 열반 100년 후 일어난 부파불교에 의해 석가모니 부처님의 가르침은 삼세 윤회설의 등장으로 인해 엉뚱하게 기복적인 전생관으로 변질이 되고, 대승불교에서는 무상 무아를 주창한 공사상이 등장하게 됩니다. 인간은 전생에 지은 업으로 인해 현세에 죄업을 달게 받는다는 이러한 기복의 등장은 실상에 입각한 석가모니의 본래 가르침을 크게 오도誤導하게 됩니다.

말하자면 내가 지금 힘들게 사는 이유는 전생에 지은 죄 때문이므로 내가 현세에 아무리 노력해도 나의 삶이 달라지지 않는다는 '카르마[業]'론이 등장합니다. 그러다 보니 현세의 병듦이나 가난, 죽음을 전생에 지은 업의 결과로 받아들이게 됩니다. 이것이 동양의 발전을 더디게 한 원인이 되었던 것입니다. 어찌 보면 이러한 '삼세윤회설'은 중국유교의 운명론과도 비슷하다고 볼 수 있습니다. 인간에게는 업과 운명이 있다는 이러한 가설은 인간의 발전을 저해하는 직접적인 요인이 됩니다. 불교 국가의 독재자들은 불교의 삼세윤회설을 악용, 함부로 인간을 죽이는 이율배반적인 행동을 하게 된 것입니다.

이제 한국불교가 발전하려면 그 교리도 시대에 맞게 변해야 합니다. 지금 우리나라 젊은이들의 지적 세계는 매우 우수합니다. 그들에게 더는 기복 신앙을 요구해서는 안 됩니다. 한국불교가 젊은이들에게 포교가 잘되지 않는 이유는 여기에 있다는 사실을 수행자들은 깊이 자각해야 합니다.

인간의 탄생

◆
◆

인간의 탄생은 고가 아니라 축복이다.
인간의 탄생을 무상 무아로 관찰하거나
자기를 버리는 행위는 자기를 있게 한
절대자와 부모에게 죄를 짓는 것이며
공사상의 법계에서 벗어나는 일이다.

✦ 이 세상은 연기에 의해 이루어진 공사상의 철저한 법계로 형성되어 있습니다. 연기는 오늘날 나를 있게 한 직접적인 원인입니다. 만약, 만물에 연기가 없다면 하늘을 나는 새도, 아름다운 꽃도, 인간도 없으며 나라는 존재도 없습니다. 이것은 진리이자 곧 만물의 법계입니다. 그렇기에 인간은 불교에서 말하고 있는 허망하고 고통스러운 번뇌의 존재가 아니라 만물의 축복을 받고 태어난 숭고한 존재입니다. 오늘날 종교가 자꾸 사이비로 치닫는 이유는 인간이 추구해야 할 숭고함은 제쳐두고, 눈에 보이지도 않는 전생을 조장하여 오히려 인간을 기복 신앙에 젖게 하여 마음을 무명 속에 빠뜨리는 데에 그 원인이 있습니다. 단언하자면, 현세의 내 마음이 지어내는 극락과 지옥은 있으나 전생의 업식業識으로 인한 극락과 지옥은 없습니다.

중요한 것은 내가 이 세상에 존재하는 이유를 알고 더 나은 자기를 위해 노력하여 좋은 열매를 맺어 행복으로 나아가는 일입니다. 지금 우리 젊은이들은 스스로 목숨을 버리고 있습니다. 이유야 어떻든, 이 같은 행위는 자신을 있게 한 절대자와 부모에게 죄를 짓는 일이며 만물의 법계인 공사상에도 크게 벗어나는 일입니다.

자기를 버리지 말라

삶이 힘들다고
자기 자신을 포기하지 마라.
자기 자신을 버리면
다른 식識이 찾아와서
주인행세를 한다.
이것은 마치 아편에 취하는 것과 같다.

지난 한 해에 목숨을 스스로 끊은 초등교사가 100여 명이나 된다고 합니다. 나는 이 통계를 보고 큰 충격을 받았습니다. 미래를 짊어지고 인재를 키워야 할 교사가 심신이 힘들어서 목숨을 버렸다는 사실이 도저히 믿어지지 않았습니다. 누가 그들을 죽음으로 몰고 갔을까요? 교육은 '백년지대계百年之大計'라고 합니다. 미래의 교육을 책임져야 할 그들이 얼마나 힘들었으면 스스로 목숨을 버렸을까요?

요즘 사회가 힘들다 보니 자포자기하는 젊은이들이 너무 많다고 합니다. 그렇다고 하더라도 절대로 자기 자신을 버리면 안 됩니다. 사람이 자신의 주체인 마음을 버리면 다른 식이 찾아와서 주인행세를 하게 되고 내가 아닌 다른 사람이 되어 자신도 모르게 엉뚱한 일을 저지르게 되는 것입니다. 이것은 마치 인간이 아편에 취해 망상에 빠지는 것과 다름이 없고 '귀신이 씌었다'라고 합니다. 그러나 식이 맑은 사람은 어떤 어려움이 자신을 찾아와도 지혜로 능히 이겨나갈 수 있습니다. 그래서 사람은 평소에 자신의 식을 맑게 하는 수행과 공부를 해야 합니다.

식이 맑은 사람은 오욕락伍欲樂을 멀리하여 평안하고 걸림이 없으며, 비록 탁함이 찾아와도 자기 자신을 스스로 정화하는 힘을 가지고 있습니다. 사람이 극단적인 선택을 하는 이유도 식이 맑지 못해 다른 식이 찾아와서 괴롭히기 때문에 순간적으로 엉뚱한 선택을 하게 됩니다. 한순간에 일어나는 생각을 돌리면 되는데 그게 쉽지 않은 까닭은 이러한 식의 작용 때문입니다.

　세상은 연기로 이루어졌기에 사는 동안 좋은 인연을 만나 서로 배워서 깨우침을 얻어야 합니다. 이것이 우리가 살아가는 이유입니다. 기도도 폐쇄적으로 혼자 해서는 안 됩니다. 기도의 목적은 깨달음을 얻는 것이 아니라, 마음의 평안을 얻기 위함입니다. 그럼으로 혼자서 기도에 빠지는 것은 망상의 원인이 됩니다. 이것이 다 잘못된 불교 수행으로 일어나는 일들입니다.

깨달음에만 집착하지 말라

깨달음에 대한 지나친 집착은
번뇌의 원인이 되어 고를 만든다.
깨달음이란 다른 것이 아니라
자신이 해야 할 일에 최선을 다하는 것이다.

불교의 궁극적 실천 목표는 생사를 넘어선 '깨달음' 즉 각 覺의 세계로 들어서서 부처가 되어 생사윤회를 다시는 하지 않는 것이라고 합니다. 그런데 우리 불자들이 절대로 간과해서는 안 될 중요한 사실 하나가 있습니다. 만약, 어떤 수행자가 각의 경지에 이르러 부처가 되었다고 했을 때, 존재하지도 않은 윤회를 끊었다고 단호히 말할 수 있을까요? 또한 자기의 깨달음이 중생들에게 어떤 도움을 줄 수 있는가 입니다. 만약, 중생들에게 아무런 도움을 주지 못한다면 그는 그저 소승에만 집착한 것에 지나지 않습니다. 왜냐하면, 석가모니 부처님의 위로는 깨달음을 구하고 아래로는 중생을 제도하라는 '상구보리 하화중생上求菩提 下化衆生'의 가르침에도 크게 어긋나기 때문입니다.

이쯤에서 우리는 부처란 도대체 무엇인가에 대해 연구해 볼 필요가 있습니다. 일전에 조계종 대종사 한 분이 이런 법문을 한 적이 있습니다.

"만약, 그대가 부처를 만난 적이 있거나 본 적이 있다면 그것은 거짓이다. 부처란 번뇌로 인해 생기는 망집妄執을 끊어내어 고에서 벗어나 마음의 평안을 얻은 상태를 말하기 때문이다. 그러므로 부처란 형상이 아니라 번뇌를 끊어낸 마음이다."

이거야말로 부처를 바로 말한 것입니다. 곧 마음이 부처인 '즉심시불卽心是佛'이기 때문입니다. 그래서 찰나로 일어나는 생각 하나에 의해 중생이 되었다가 부처가 되었다가 하는 것입니다.

그러므로 자신이 오도하여 부처가 되었다는 말은 이치에도 맞지 않는 생각입니다.

비유를 하나 들어보겠습니다. 길을 가다가 길거리에 떨어진 지갑을 발견했는데 그 속에 수십만 원의 돈이 들어 있었습니다. 이것을 주워서 주인에게 되돌려주면, 부처가 되는 것이고 그냥 꿀꺽 삼키면 중생이 됩니다. 그런데 어떤가요. 그 지갑으로 인해서 순식간에 번뇌가 생기기 시작합니다. 돌려줄까 말까. 이것이 바로 중생의 마음입니다. 그냥 이 돈은 내 것이 아니라 남의 것이니까 무조건 돌려주어야 한다는 마음이 바로 부처입니다. 그러므로 부처란 번뇌 자체가 없는 깨우침의 마음을 말하는 것이지, 깨달음과는 아무런 상관이 없습니다.

다시 말하면, 수행자가 생사윤회를 끊기 위해 깨달음에 집착하는 것은 잘못된 견해라는 것입니다. 과연 그런 수행자가 부처가 될 수 있을까요? 만약, 그렇다면 《금강경》의 대승종정분에서 말한 '아상 인상 중생상 수자상 사상四相' 중에 '아상'과 '중생상'에 걸린다는 사실을 알아야 합니다.

수행자들은 '삶이 곧 고苦'라는 전제하에서 고통스러운 생사윤회를 끊어 내기 위해 하는 것이 불교수행의 목적이라고 하지만 죽어보지도 않고 어떻게 생사가 윤회한다는 것을 알 수 있을까요? 오직 깨닫기 위해 수행한다는 건 소승적 생각일 뿐, 석가모니 부처님이 추구한 대승의 경지가 아니며 석가모니 부처님의 위대한 가르침을 잘못 받아들인 것입니다. 그러므로 깨우친 부처님은 없습니다. 만약, 있다면 그는 진리를 가지고 온 석가모니 부처님과 같은 성인입니다. 부처님은 만들어지는 것이 아니라, 용화 부처님처럼 '공사상'의 진리를 가지고 오신 분입니다.

마음을 항상 공사상에 두라

◆
◆

파도는 가만히 있으면 치지 않는다.
바람이 부니까 파도가 치는 것이다.
바람이 세면 파도가 거세지듯이
사람의 마음에 번뇌의 바람이 거세지면
집안에 풍파가 일어난다.
바다는 공이고 바람과 파도는 연기법이다.
내 마음을 넓은 바다처럼 항상 공에 두라.

바다에 파도가 치는 것은 바람이 불기 때문입니다. 바람이 불지 않으면 당연히 바다도 잔잔해지지만, 반대로 바람이 거세면 파도도 높아집니다. 사람의 마음도 그와 같습니다. 마음에 번뇌의 바람이 생기면 괴로움이 생기고 그로 인해 마음이 불편해지고 집안에도 풍파가 생깁니다. 그런데 그 번뇌의 바람은 누가 만든 것일까요? 잔잔한 바다에 바람이 불어서 파도가 치듯이 그 번뇌도 사실은 내가 만든 것입니다. 그렇기에 몸과 마음을 넓은 바다처럼 변함이 없는 공사상에 두면 번뇌가 사라지고 저절로 편안해집니다. 그렇지 않고 내 몸과 마음을 거센 바람 앞에 두면 시도 때도 없이 풍파風波가 일어납니다. 그러므로 성공하려면 자신의 마음을 잘 다스려야 합니다.

종교의 원리

❖
❖

종교가 미신이 안 되려면
눈으로 볼 수 있어야 하고
눈으로 확인이 되어야 하고
언제든지 내가 원하면
만날 수 있어야 한다.

◉ 사회가 힘들고 어려울수록 인간들은 의지처를 찾습니다. 종교는 나약한 인간의 마음을 파고들어서 융성해진 것입니다. 불교, 기독교, 천주교는 우리나라의 대표적인 3대 종교입니다. 불교는 석가모니를 숭상하고, 기독교는 예수를 매개체로 하여 하나님을 숭상하고 천주교는 예수를 잉태한 성모마리아를 숭상합니다. 그런데 공통점이 하나 있습니다. 사람들이 만든 형상만을 보았을 뿐 실체로 석가모니와 예수, 성모마리아를 만나거나 본 적이 한 사람도 없다는 것입니다. 그분들은 이미 수천 년 전에 돌아가신 분들입니다. 후에 성직자들이 그분들의 형상을 만들어 놓았을 뿐입니다.

불교에서는 그 형상을 두고 석가모니 부처님의 화신이라고 해서 화신불化身佛이라고 합니다. 물론, 여기에 대해 이견은 없습니다. 그러나 종교의 가치는 사람들이 그분들이 살아온 숭고한 살신성인의 삶을 본받고 실천하면서 마음의 행복을 얻는 데에 목적이 있습니다. 그런데 어떻습니까? 성직자들은 입에 침이 마르도록 신도들에게 참된 종교의 길을 가라고 말하면서 정작 그들이 일탈하는 모습을 뉴스로 종종 봅니다. 그들은 이에 대해 이렇게 변명합니다. 감나무에도 썩은 것이 몇 개 있듯이 성직자 중에는 교리에 어긋나는 성직자가 있기 마련이라고 합니다. 그건 아닙니다. 썩은 감 한 개가 오히려 전부를 썩게 할 수도 있다는 것을 스스로 자각해야 합니다.

만물은 창조다

만물은 업으로
태어나는 것이 아니라
연기에 의한 창조다.
이것을 바르게 알면
내가 주인임을 알게 된다.

중국의 《임제록臨濟錄》에 보면 '수처작주 입처개진隨處作主 立處皆眞'이라는 말이 있습니다. '머무는 곳에서 항상 주인이 되면 서 있는 모든 곳이 진실하게 보인다.'라는 뜻입니다. 우리 젊은이들이 반드시 새겨들어야 할 문구입니다. 젊은이들이 직장에서 어렵게 생각하는 것 중의 하나가 직장 생활의 적응입니다. 직장도 작은 사회이므로 그곳에서 자기 뜻을 펼치려면 먼저 주인의식을 지니고 일해야 합니다. 자신에게 맞지 않는 일이라는 둥, 일이 너무 많다는 둥 매사에 불만만 하면 일의 적응은 물론, 상사와 동료에게서도 인정받지 못합니다. 그런 사람은 다른 직장으로 옮겨도 적응하지 못합니다. 이렇듯 세상의 모든 일은 자신이 한 만큼 그 대가를 받습니다. 이것이 바로 진짜 업입니다. 내가 좋은 생각을 하면, 그 생각들이 연기를 일으켜서 새로운 것을 창조하게 되지만 반대로 불만만 가득하면 불만이 연기를 일으켜서 창조는커녕 비난만 사게 됩니다. 그렇다면 좋은 연기를 일으키려면 어떻게 해야 할까요? 자신이 머무르는 곳마다 '수처작주' 즉 주인공이 되면 됩니다. 어리석은 사람은 눈앞의 것에만 연연하여 미래를 보는 창조적인 정신이 없습니다. 그런 사람은 좋은 인연을 만날 수가 없습니다.

세상에서 가장 귀한 것이 목숨이다

연기와 공사상을 바르게 깨치면
죽은 뒤에는 천만금의 돈도
하늘을 찌르는 권력과 명예도
아무런 쓸모가 없음을 비로소 알게 된다.

✦ 한국의 젊은이들이 '극단적 선택'을 했다는 아픈 소식들이 뉴스를 통해 가끔 들립니다. 극단이란 '일의 진행이 끝까지 미쳐 더 나아갈 데가 없는 지경' 혹은 중용中庸을 잃고 한쪽으로 크게 치우침'을 뜻합니다. 젊디젊은 우리 젊은이들에게 도대체 무슨 일이 있었기에 단 하나뿐인 귀중한 목숨을 버리는 것일까요?

죽음에도 여러 종류가 있습니다. 천재지변이나 사고로 죽는 것, 병으로 죽는 것, 스스로 목숨을 끊는 것, 늙어서 죽는 것이 있습니다. 그중에서도 명命을 다해 늙어서 생을 마감하는 것이 가장 행복한 죽음이라고 할 수 있습니다. 그래서 인간은 죽을 때도 잘 죽어야 한다고 해서 유럽에서는 웰다잉well-dying을 강조합니다. 인간이 살다가 자신의 삶을 스스로 아름답게 마무리하는 건 인간의 권리이자 의무입니다.

한때는 '웰다잉' 붐이 일어 죽기 전에 반드시 해야 할 열 가지가 크게 회자된 바가 있습니다. 여기에 대해 〈한국죽음학회〉에서는 웰다잉 10계명 리스트를 작성하기도 했습니다. 첫째 버킷리스트 작성하기. 둘째 매일 건강 살피기. 셋째 자서전과 유언장 남기기. 넷째 고독사하지 않기. 다섯째 장례식 계획하기. 여섯째 참회의 시간을 가지기. 일곱째 마음의 빚을 청산하기. 여덟째 남을 위해 봉사하기. 아홉째 추억을 회상하기. 열 번째 사전 의료 의향서 작성하기. 이를테면 장기 기증과 묘를 쓸 것인가, 화장할 것인지를 미리 정해 두기입니다. 사고나 천재지변, 병으로부

터 당하는 죽음이 아니라 스스로 맞이하는 죽음이 되어야 한다
는 것입니다. 이렇듯 인간은 누구나 병들지 않고 건강하게 살다
가 늙어서 잠자듯이 세상을 떠나고 싶어 합니다.

문제는 '자살'인데 '자살'은 죽음 가운데서도 가장 슬픈 죽음이
며 한자 중에서 가장 혐오스러운 단어가 '살殺'입니다. 불교에서
도 지옥에서나 쓰는 말입니다. 게다가 '자기를 스스로 죽인다'고
하니 얼마나 무서운 행동입니까? 남을 해친 사람은 지옥에라도
가지만 자살한 사람은 영혼이 안식하지 못하고 구천九天을 헤매
고 환생하지 못한다고 합니다. 그보다도 더 충격적인 사실은, 집
안에 자살한 사람이 있으면, 집안에 또 발생할 수도 있다고 합니
다. 이렇듯 무서운 과보를 동반하는 것이 스스로 목숨을 끊는 행
위라고 합니다. 생이 아무리 힘들다고 하더라도 극단적 선택을
절대로 해서는 안 됩니다. 죽음은 귀신과도 같아서 죽음을 생각
하면 죽음이 다가옵니다. 나를 낳아준 부모님에게 자살은 평생
죄를 짓는 일이며, 씻을 수 없는 마음의 상처가 됩니다. 왜냐하
면 나는 부모님의 연기에 의해 태어난 귀중한 존재이고 내가 바
로 공사상이기 때문입니다.

전생 윤회는 없다

❖

나라는 존재는
전생의 업으로 태어난 것이 아니라
부모님의 연기에 의해
태어난 존재이다.
그러므로 윤회란 없다.

불교에서는 나라는 주체를 전생의 업에 의해 태어난 존재라고 규정하고 있습니다. 그러나 현대 과학은 생명의 탄생은 암수의 생식 작용임을 분명히 밝히고 있고, 사람 또한 다르지 않다고 증명하고 있습니다. 이것은 결코 부인할 수 없는 명백한 사실입니다. 그런데 불교에서는 석가모니 부처님의 가르침을 인용하여 사람은 업 때문에 태어났다고 규정합니다.

이것은 석가모니 부처님이 설법하신 걸 후세가 기록한 《앙굿따라 니까야》「경우경」(A5:57)의 다르마[업]에 대한 가르침입니다. "내가 지은 업은 나의 주인이다. 나는 그 업을 이어받은 존재이고 그 업에 의해 태어났으므로 업은 나의 것이며 나의 의지처이니라. 그러므로 내가 착한 업을 짓든 나쁜 업을 짓든 그 업의 상속자는 바로 나이니라."

경전의 해석은 읽는 사람에 따라서 그 의미가 확연하게 달라집니다. 여기에서 말하는 업은 전생의 업을 가리키는 것이 아니라 현생의 업을 말하는 것일 수도 있다는 뜻입니다. 왜냐하면, 그동안 석가모니 부처님이 중생을 제도하기 위해 매우 사실적이고 현실적인 가르침을 폈기 때문입니다.

그렇다면, 업이란 도대체 무엇일까요? 사전적으로 보면 업은 사람이 하는 일이나 의식 작용으로 일어나는 일, 혹은 행동이라고 되어 있습니다. 즉 나는 업을 행하는 주체라는 뜻입니다. 이것은 곧 나는 업의 주인이라는 뜻입니다. 그리고 분명한 사실은 나라는 존재는 부모님의 사랑의 행위로 인해 즉 업에 의해 태어난 존재이므로 그 업은 당연히 나의 것이고 의지처일 수밖에 없는 것입니다.

그런데 불교에서 석가모니 부처님이 '나라는 존재는 업에 의해 태어났다'는 그 말만 듣고 전생의 업이라고 규정하는 것은 상당한 무리가 있습니다. 내가 전생의 업으로 태어났다는 가설은 오늘날의 과학으로도 도무지 설명할 수 없다는 것입니다. 중요한 것은 나라는 존재는 분명히 부모님의 연기에 의해 태어났고, 나는 그 연기의 주체가 되어 부모님의 뜻에 맞는 업을 행하여 훌륭한 사람이 되는 것입니다.

석가모니 부처님의 가르침은 대개 방편과 비유입니다. 당시의 어리석은 사람들을 알아 듣게 이해시키려면 비유와 방편이 필요했기 때문이지요. 방편과 비유가 적절한 것도 있었지만, 그렇지 못한 방편과 비유도 적지 않게 있었습니다. 여기에 인간의 탄생을 삼세 윤회설에 접목을 시켜 '나는 전생의 업으로 인해 태어났다'는 전생설의 주장은 현대 과학에도 전혀 맞지 않는 이론입니다. 사람의 업은 오직 현생에 지은 업만이 작용할 뿐입니다. 악한 일을 하면 벌을 받고 선한 일을 하면 상을 받는다는 것도 그 때문이 아닐까요?

죽은 감나무에는
꽃이 피지 않는다

죽은 감나무에는 꽃이 피지 않고
새와 벌이 날아들지 않듯이
성인聖人의 높은 가르침도
시절 인연에 맞지 않으면 아무런 쓸모가 없다.

살아있는 부처만이 부처이다

◆
◆

살아 있는 부처만이 부처이다.
죽은 부처는 부처가 아니다.
살아 있는 부처만이 깨우침을 줄 수 있으며
죽은 부처는 깨우침을 줄 수 없다.

불자들은 부처님이 누구인지도 모르고 "부처님 부처님"하고 입에 달고 삽니다. 그렇다면 진짜 부처님은 누구일까요? 부처님이 뭇사람들과 똑같다면 그는 진짜 부처님이 아닙니다. 사람이 정말로 깨우쳐서 부처님이 되면 태양의 빛처럼 몸에서 광명의 빛이 나오는데 이를 두고 '광배光背'라고 합니다. 지금껏 우리 불자들이 죽은 불상 앞에서 그렇게 많이 빌고 했는데 '광배'를 눈으로 직접 본 적이 있나요? 있다면 그가 진짜 부처님입니다. 하지만 우리 불자들은 지금까지 진짜 부처님을 만나지 못했을 것입니다. 그런 불상 앞에서 기복을 빌었다면 당연히 복을 받지 못합니다.

우리 불자들이 가지고 있는 큰 문제점은 아직도 석가모니 부처님과 부처를 혼동하고 있다는 것입니다. 석가모니 부처님은 고유명사로서 이미 돌아가신 석가모니를 가리키고 부처는 깨우친 이를 가리킵니다. 만약, 여러분들이 진정으로 복을 얻기를 원한다면 살아 있고 깨우친 부처님을 친견해야 합니다. 그 부처님은 연기의 원리에 의한 공사상을 깨친 생불 용화 대불입니다.

돌부처에게 절하지 말라

◆
◆

사람이 돌부처나 나무부처에게
절하는 것은 어리석은 일이다.
사람과 돌, 사람과 나무는 서로 연기할 수 없기에
소원과 복을 들어주지 않는다.
소원과 복을 얻으려면
살아 있는 선지식에게 깨달음을 구해야 한다.

우리 불자들은 날마다 절에 가서 돌부처와 나무부처에게 소원을 이루고 복을 달라고 간절하게 빕니다. 그런데 이러한 행위는 석가모니 부처님의 가르침을 잘못 이해하는 것은 물론, 오히려 석가모니를 신격화하는 행위에 지나지 않습니다. 석가모니 부처님이 보리수 아래에서 '고집멸도苦集滅道' 사성제의 진리를 깨닫게 된 것은 어리석은 중생들을 제도하여 그들을 번뇌에서 벗어나게 하기 위함입니다.

이렇듯 기도의 옳은 방법은 소원과 복을 비는 데에 있는 게 아니라, 기도를 통해 마음의 안식을 얻는 데에 있습니다. 그런데 어떤가요? 오늘날 석가모니 부처님의 제자들이 그를 신격화하여 기복을 통해 돈을 버는 수단으로 이용하고 있다는 것이 가장 큰 문제입니다. 더구나 사람과 돌, 사람과 나무는 연기緣起의 대상이 아니기에 사람이 돌이나 나무로 만든 형상에 비는 것은 아주 어리석은 일입니다. 지금이라도 살아 있는 선지식을 친견하고 깨달음을 구하는 것이 바른 불자의 길입니다.

경전經典에 집착하지 마라

❖
❖

종교의 목적은 마음의 안식을 얻는 데 있다.
시대에 맞지 않는 경전에 집착하는 것은
마치 마귀와 귀신이 들끓는 것과 같으므로
과감하게 놓아 버려야만 깨달음을 얻을 수 있다.

경전은 석가모니 부처님의 가르침을 집대성한 책입니다. 그런데 석가모니가 열반하신 후 수백 년 후에 펴낸 경전이 과연 석가모니의 가르침을 그대로 인용한 것일까요? 더구나 오늘날 한국에서 유통되고 있는 불교 경전 중 대부분은 중국으로부터 아무런 비판도 없이 전해진 것들을 편역한 것이기에 상당한 오류가 있습니다. 실제로 산스크리트 원전으로 된 대승경전과 중국에서 편역된 경전의 내용들은 상이相異합니다. 지금이라도 승가僧家는 대승경전을 바로 잡아야 합니다. 시대에 맞지 않는 경전에 집착하는 건 오히려 시간 낭비입니다. 진정한 깨달음은 경전에서 나오는 것이 아니라 마음의 깨달음에서 나온다는 것을 불자들도 자각하여 지금이라도 시대에 동떨어진 경전을 손에서 놓고 마음의 소리를 듣는 것이 중요합니다.

12인연법의 진실

◆
◆
|
|
|
|

석가모니의 12인연법은
인간의 태어남을 곧 무명無明이라 규정한 뒤
고를 바탕으로 한 무상 무아를 강조한
인과법에 지나지 않으므로
소승인 중생법에 지나지 않는다.

그동안 우리 불자들은 12연기법이 석가모니의 온전한 가르침인 줄 알고 배워왔습니다. 그런데 놀라운 사실 하나가 있습니다. 유럽의 문헌학자인 슈미트 하우젠과 후라우 발러는 동양의 불교사상을 연구하던 중에 12연기법의 일부가 석가모니 열반 100년 후에 결집된 인도의 부파불교部派佛敎 시대에 몇몇 편집자들에 의해 네 가지가 첨가된 사실을 밝혀내어 불교계에 큰 충격을 던져준 바가 있습니다. 말하자면 석가모니의 원형의 가르침인 여덟 연기에서 편집자들이 함부로 '무명, 행, 식, 명색' 네 가지를 첨가했다는 것입니다.

본디 석가모니의 원형의 가르침은 안이비설신의 육처六處에서 생긴 촉觸, 수受, 애愛, 취取로 야기되는 번뇌로 인한 고苦가 인간을 늙게[老]하고 병들게 하여 마침내 죽음[死]으로 이끈다는 무상무아 사상인데 엉뚱하게도 그의 제자들이 '무명無明, 행行, 식識, 명색明色'이라는 전생관前生觀을 첨가하여 윤회설을 만든 뒤, 인간이 윤회에서 벗어나려면 수행을 통해 자신만의 깨달음을 얻어야 한다고 중생법인 소승론小乘論을 펼친 것이 오늘날의 육도윤회설로 굳어지게 되었던 것입니다.

사실, 석가모니 부처님은 과거세는 물론 중생의 윤회에 대해 언급조차 하지 않았습니다. 단지 그는 인간이 번뇌의 고에서 벗어나기 위해서는 성스러운 여덟 가지 길인 정견, 정사유, 정어, 정업, 정명, 정정진, 정념, 정정인 '팔정도八正道'를 행하면 고의 원인이 되는 육처의 번뇌를 여의게 되어 해탈을 이룰 수 있다고 보았습니다. 그러므로 오늘날 불교의 수행자들이 깨달음을 얻어서 윤회하지 않겠다는 수행 목적들은 석가모니 부처님이 설파하신 원형의 가르침이 아님을 알 수 있습니다. 이것을 보면 불교에서 말하는 윤회에 의한 '무상 무아'와 '진공묘유眞空妙有'로 본 공사상의 개념은 제자들이 지어낸 허구에 지나지 않습니다. 다시 말해 불교의 이상세계인 깨달음은 불교가 걸어 가야 할 길이 아니라, 지금 자신을 괴롭히는 번뇌를 여의어 행복하게 사는데에 있습니다. 지금이라도 우리 불자들은 석가모니의 원형의 가르침을 제대로 알고 배워야 하지 않을까요.

허황한 가르침을 멀리 하라

세상에는 세 가지의 허황한 가르침이 있다.
이미 지나간 과거에 집착하는 것이며
오지 않는 미래에 집착하는 것이며
눈에 보이지 않는 신에 집착하는 것이다.
지금 나에게 가장 중요한 가르침은
연기에 의한 공의 원리를 바르게 깨치는 것에 있다.

인간의 어리석음 중에 가장 위험한 건 지나간 과거에 너무 오래 집착한다는 것입니다. 과거는 단순히 과거일 뿐, 지금의 나를 위해서는 도움이 전혀 되지 않습니다. 더 위험한 것은 오지 않은 미래를 예측하는 것이고, 본 적도 없는 신에 집착하는 데에 있습니다. 지금 우리에게 가장 중요한 건 '지금, 이 순간'의 나입니다. 나는 끊임없이 다른 존재와 연기하여 새로운 것을 창조하는 위대한 존재라는 사실을 스스로 인식해야 합니다. 왜냐하면 '연기緣起'는 인연이 인연을 만나서 새로움을 창조하는 공사상의 바탕이 되기 때문입니다. 그대가 이 땅에 존재하는 이유도 바로 부모님의 연기가 있었기 때문임을 잊지 말아야 합니다. 그래서 부모님이 소중하고 내가 소중한 것입니다.

죽은 감나무에는 꽃이 피지 않는다

◆

죽은 감나무에는 꽃이 피지 않고
새와 벌이 날아들지 않듯이
성인聖人의 높은 가르침도
시절 인연에 맞지 않으면 아무런 쓸모가 없다.

죽은 감나무는 죽은 것이기에 먹이를 구하는 새와 꿀을 구하는 벌이 찾아오지 않는 것은, 지극히 당연한 세상의 이치입니다. 하물며 수천 년 전에 이미 돌아가신 석가모니와 예수, 공자와 소크라테스의 가르침도 현실에 맞지 않는다면 아무런 쓸모가 없습니다. 하물며 죽은 뒤에 극락과 천국에 간들 무슨 소용이 있을까요? 지금 그대가 앉아있는 그 자리가 바로 극락과 천국입니다.

나는 연기에 의해 창조된 존재다

◆

나라는 존재를 창조적 존재라고 여기면
인간과 세상에 대한 모든 불만이 사라진다.
나라는 존재를 유한한 존재라고 생각하면
인간과 세상에 대한 불만이 쌓인다.
그러므로 연기의 창조성을 바탕으로 한 공사상은 대승이요,
인과를 바탕으로 한 연기법은 소승이다.

본디 이 우주에 나라는 존재는 없었습니다. 그런데 나라는 존재는 어떻게 생겨났을까요? 아버지라는 인연과 어머니라는 인연이 연기緣起하여 축복으로 창조된 귀한 존재가 바로 나입니다. 그렇기에 나라는 존재는 유한한 존재가 아니라, 무한한 가능성을 지닌 창조적인 존재이며 공사상 그 자체입니다. 그렇기에 공사상은 기존 불교에서 말하는 무상 무아나 진공묘유가 아니라 연기에 의해 나타나는 창조적인 진리를 뜻하므로 대승이요. 무상 무아만을 강조한 12 인과법은 소승에 불과한 중생법임을 우리 불자들은 잘 알고 따라야 합니다.

가장 수승_{殊勝}한 법이 공사상이다

◆
◆

장미는 장미끼리 연기_{緣起}하고
감나무는 감나무끼리 연기하고
갈매기는 갈매기끼리 연기하고
코끼리는 코끼리끼리 연기하듯
사람도 사람끼리 연기하여 창조된다.

모든 만물은 살아 있고 오직 같은 것끼리만 연기하여 생멸生滅을 거듭하는 것이 진리입니다. 또한 눈으로 볼 수 없고 손으로 만질 수 없고 모양이 변하고 썩는 것은 연기가 일어나지 않듯이 모든 만물의 생멸生滅은 연기에 의해 일어나므로 이 수승한 법을 깨우치게 되면 자신이 지은 업에 따라 죽은 뒤에 소나 돼지 등 축생으로 태어나거나 천상, 아수라, 지옥에 떨어진다는 기존 불교의 육도윤회설이 한갓 허구임을 알게 됩니다. 그러므로 공사상은 이 세상에서 가장 최상의 법이자 진리입니다.

반야般若

◆
◆

반야는 알음알이 같은 한 조각의 지식이 아니라
존재의 본성을 깨달아 가는 밝은 지혜를 뜻한다.
진정한 반야는 삼라만상의 법도인
바른 연기와 공사상의 자각에 있다.

불교의 핵심적인 가르침은 '반야사상般若思想'에 있습니다. 기존 불교에서는 공空을 깨치면 반야, 즉 지혜를 증득證得할 수 있다고 합니다만 이것은 공을 어떤 관점으로 보는가에 따라서 반야의 해석 또한 크게 달라집니다.

기존 불교에서는 인간의 탄생과 죽음을 석가모니 부처님의 12연기법에 연계하여 해석하고 있는데 앞에서도 언급했지만, 문제는 이 12연기법이 석가모니 부처님의 온전한 가르침이 아니라는 사실입니다.

특히, 12인연법은 인도 부파시대의 후학들이 힌두교의 전생관인 네 가지를 첨가, 삼세 윤회설로 확장하여 무명 속에서 태어난 '고苦의 덩어리 같은 존재'가 바로 나라고 주장함으로써 나는 '무상한 존재이고 무아'이기에 '진공묘유眞空妙有이다'라고 한데서 기인했다는 점입니다. 이것은 사람을 동물처럼 나고 죽는 생멸의 관점으로만 본 말장난에 불과한 것인지도 모릅니다.

만약, 내가 무상 무아의 존재임을 깨닫는 것이 공이라고 한다면, 이 세상은 오래전에 이미 멸망했거나 나라는 존재도 애초에 있지도 않았을 것입니다. 어떻게 인간이 '고'에만 파묻혀 살아갈 수 있겠습니까. 더 충격적인 사실은 석가모니 부처님조차도 전생에 관해 언급하지 않았다는 사실입니다. 그의 제자들이 스승의 가르침에다가 과거세를 덧붙여 삼세 윤회설로 확장했던 것뿐인데 이것을 오늘날의 불교가 아무런 비판 없이 받아들였던 것입니다.

석가모니 부처님이 전생에 대해 언급조차 하지 않았다는 사실은 《열반경》을 살펴보아도 확연히 드러납니다.

석가모니 부처님이 쿠시나가르 쌍수리나무 아래에서 열반에 들 때 아난이 여쭈었습니다.

"세존이시여, 이제 가시면 저희는 어떻게 살아야 합니까?"

"아난아, 너 자신을 의지하고 법에 의지하라."

이처럼, 석가모니 부처님은 열반에 들 때까지 제자들에게 '자신에게 의지하고 법에 의지하라[자등명 법등명]고 했습니다. 말하자면, 석가모니의 가르침은 삼세 윤회설이 아니라 오직 '지금, 이 순간'을 성찰하라는 지극히 현실적인 가르침입니다.

이에 상응하는 석가모니 부처님의 유명한 법문이 또 있습니다.

'과거는 이미 지나갔고 미래는 오지 않았으니 지금, 이 순간이 가장 중요하다.'

이보다 더 중요한 가르침이 또 어디에 있습니까?

지금이라도 한국불교는 반야와 공의 원리를 불자들에게 바르게 가르쳐 지혜의 그릇을 키우도록 해야 합니다.

낡은 종교의 가르침에 매이지 말라

❖

신발이 낡으면 물이 새듯이
시절 인연에 맞지 않은 종교는
인간을 어리석게 만든다.
아무도 가보지 못한 극락을 위해
기복에 매달리는 것은
종교의 본질과 목적이 아니다.

종교의 가치와 주된 목적은 마음의 안식을 구해 인간의 삶을 윤택하게 하는 데에 있습니다. 그런데 이해조차 하기 힘들고 받아들이기도 힘든 수천 년 전의 교설巧說로 인해 사회 곳곳에 기복이 성행하고 있습니다. 이제는 시절 인연에 따라 종교도 변해야 합니다.

지금은 챗봇과 AI의 과학 시대입니다. 사후死後를 알 수도 없는 극락과 천국이라는 이상세계로 가기 위해 아직도 기복에 매달리는 것은 한 번쯤 깊이 생각해 볼 문제가 아닐까요? 그런데 어떤가요? 과거에는 종교가 사회를 걱정했으나 지금은 몇몇 사이비 종교로 인해 사회가 종교를 걱정할 정도입니다.

당신은 본말이 전도된 종교에 대해 지금 어떻게 생각하고 있습니까?

종교의 관념에서 벗어나라

◆
◆

관념적이고 이해하기 힘든
수천 년 전에 배운 성인의 연기법에 매달리지 말라.
AI가 세상을 지배하는 지금
시대와 동떨어진 가르침에 아직도 머물러 있는 것은
천금의 시간을 낭비하는 것과 같다.

불자들은 지금까지 석가모니 부처님의 연기법을 배워왔습니다. 그렇지만, 엄밀히 말하면 지금의 관점에서 볼 때 그것은 '이것이 있기에 저것이 있다'라는 인과법에 불과합니다. 물론, 이러한 논제는 기아와 전쟁이 난무했던 수천 년 전에 인간을 고苦의 덩어리로만 보고 '인간은 번뇌로 인해 고苦가 생겨난다.'는 다소 비관적인 견해를 적용한 것이기에 그 시대에는 맞는 가르침일 수 있습니다.

그러나 과학 문명 시대인 지금은 어떤가요? 인간은 날마다 삶 속에서 '희로애락喜怒哀樂'을 겪으면서도 그 속에서 새로운 것을 날마다 창조하고 있습니다. 인류가 눈부신 과학 문명을 이룩하게 된 이유도 이러한 창조 정신 때문입니다.

그렇기에 종교의 가르침도 시절 인연에 맞도록 변해야 합니다. 지금의 한국불교가 과거, 현재, 미래의 삼세 확장설로 인해 인간을 기복화祈福化시키고 관념적인데 반해, 용화 대불의 '연기緣起와 공사상'은 '인연이 연緣을 만나서 새로운 것이 일어난다起'는 인간의 창조성을 공사상으로 보는 매우 수승한 법문입니다. 지금 당신은 어떤 가르침을 믿고 배워야 하겠습니까? 육도윤회설입니까. 연기에 의한 공사상입니까?

바른 연기법緣起法은 무엇인가

남자와 여자가 인연으로 만나서 자녀를 낳고
자녀가 또 사랑하는 인연을 만나
자녀를 낳고 가정을 꾸리는 것이 연기이다.
이렇듯 연기란 눈에 보이고
똑같은 것들이 만나서 창조하는 것을 말한다.

인류의 역사는 종교의 역사가 아니라 인간의 역사입니다. 수억만 년 동안 인류가 망하지 않고 지금까지 이어오게 된 것은 바로 '연기에 의한 인간의 탄생' 때문입니다. 남자와 여자가 인연으로 만나서 자식을 낳고 그 자식이 또 자식을 낳았기에 지금까지 인류가 존재하는 것입니다.

예를 하나 들어보겠습니다. 만약, 당신의 조상 중에 한 분이라도 존재하지 않았다면 당신은 지금, 이 세상에 과연 존재할까요? 당신이 있는 이유는 2의 제곱에 의한 셀 수 없는 조상들의 인연의 결과물입니다. 그렇기에 연기법은 부정할 수도 없는 명명백백한 만물의 진리이자 공사상의 바탕이 되는 것입니다. 살생은 연기에 의한 수많은 생명의 탄생을 막는 중범죄이기에 저지르지 말라는 것입니다. 그러나 이 지구상의 독재자들은 전쟁을 일으켜 고통 속에서 무고한 사람들이 죽어가고 있습니다. 대자연은 인위적으로 생명을 해칠 권리를 누구에게도 주지 않았습니다. 이것은 만물의 진리를 거역하는 행위입니다.

연기는 끊어지지 않는다

◆

그대 눈에는 보이지 않으나
세상은 거미줄처럼,
끊임없이 연기로 이어져 있다.
그러나 눈에 보이는
거미줄은 끊어 낼 수 있으나
연기는 끊어도 끊어지지 않는다.

연기는 눈에는 보이지 않으나 끝없이 이어져 있어서 인간의 힘으로는 끊어 낼 수 없습니다. 그렇기에 연기는 우주의 법칙이자 인연의 산물産物이기에 거미줄처럼 단번에 끊지 못하는 것입니다. 그렇다면, 우리는 이 연기를 어떻게 받아들여야 할까요? 순리대로 받아들여서 이치에 맞게 따르면 됩니다.

만약, 근심이 생기면 내 것으로 받아들여 해결점을 빨리 찾는 것이 급선무이고, 불행이 찾아오면 그 원인을 잘 분석하여 행복으로 바꾸는 지혜가 필요합니다. 연기의 결과를 거역하지 말라는 뜻입니다. 이런 마음을 가지고 세상을 산다면 근심은 도리어 복이 되고 불행은 행복으로 뒤바뀌게 될 것입니다.

연기는 죽은 것에서는 일어나지 않는다

사람과 사람이 연기하여 사람이 태어나듯이
살아 있고 똑같은 것끼리만 연기가 이루어진다.
죽어 있고 다른 것끼리에서는
연기가 이루어지지 않는다.

용화 대불의 연기 사상은 과거가 아니라 실상이고 창조적 사상을 가리킵니다. 다시 말해 연기란 눈으로 직접 볼 수 있고, 살아 있어야 하며, 유전자가 똑같아야 연기가 이뤄진다는 것입니다. 죽은 사람이 자식을 낳을 수 없듯이, 아무리 위대한 성인일지라도 수천 년 전에 이미 돌아가신 가르침도 현대에는 어울리지 않을 수도 있습니다.

그렇다면 우리는 어떤 종교의 가르침을 받아야 할까요? 실상에 맞게 살아 있는 선지식의 가르침을 받아야만 우리가 올바른 진리의 길로 들어설 수 있습니다. 그렇기에 이제는 실상에 맞는 가르침을 듣고 배워야 합니다. 허무맹랑하고 미신과 기복에 빠져 있는 현 종교는 오히려 자신을 허망의 우물로 빠뜨리게 할 수도 있다는 것을 자각해야 합니다.

땅에 심지 않은 씨앗은 썩는다

❖
❖

씨앗을 땅에 심지 않으면 썩듯이
씨앗이 싹을 틔우고 뿌리를 맺으려면
흙과 물, 공기와 빛이 서로 연기해야 한다.
이렇듯 모든 만물은 연기에 의해 창조된다.

농부에게 씨앗 한 가마니가 있다고 하자. 그런데 이것을 심을 땅이 없다면 어떻게 되겠습니까? 백 마지기의 땅이 있다고 해도 씨앗이 제대로 자라기 위해서는 충분한 물과 공기와 빛이 필요하듯이, 그중에서 하나라도 없다면 씨앗은 땅속에서 자라지 못하고 그대로 썩고 맙니다. 이처럼, 만물은 눈에 보이지 않는 연기에 의해 태어나고 사라집니다. 이것이 연기의 원리에 의한 공사상입니다.

마찬가지로, 사람이 재능과 지혜를 아무리 많이 가지고 있더라도 적시 적소에 바르게 쓰이지 못한다면, 아무런 쓸모가 없습니다. 사람은 누구나 창조성을 지닌 위대한 존재입니다. 사람이 자신이 가지고 있는 창조성을 발휘하려면 혼자서는 할 수 없고, 다른 사람과의 연기가 반드시 필요하듯이 누구든지 연기과 공사상의 원리를 깨우치면 성공할 수 있습니다. 왜냐하면 연기와 공사상은 사람의 지혜를 밝혀 주는 만물의 진리이기 때문입니다.

누구나 세월을 안고 태어난다

인간은 어머니의 자궁 속에서
세월을 안고 태어나서
연기에 의해 살다가 죽을 때는
살아온 세월을 안고 환생을 기다린다.

사람은 어머니의 자궁 속에서 태어날 때는 자신이 살아갈 세월을 안고 태어납니다. 물론, 생명의 길고 짧음은 아무도 알 수 없습니다. 다만, 유교에서는 이것을 '사주팔자'라고 부르기도 하고, 운명론이라고 합니다만, 연기와 공사상의 관점에서 보면 참으로 무의미합니다.

본디 나라는 존재는 부모님의 연기에 의해 태어난 존재이고, 성장하면서 내가 악한 사람과 만나서 연기하면 생이 힘들어지고, 좋은 사람과 연기하면 행복하게 살게 됩니다. 쉽게 설명하자면, 사람은 세상을 살면서 누구와 연기하면서 어떻게 사느냐에 따라 행복과 불행이 결정된다는 뜻입니다. 그리고 육신이 죽고 나면 영혼은 자신이 살아온 그 연기의 세월을 안고 돌아가 환생을 기다리게 되지만 영혼이 태양과 같은 광명의 빛을 받지 못한다면 다시 돌아오지 못한다는 사실을 꼭 명심해야 합니다.

연기를 알면 건강해진다

❖
❖

육신의 나이는 먹어도
마음의 나이는 젊어야 한다.
연기를 바르게 이해하면
누구나 건강해지고 젊어진다.

사람의 나이는 먹고 싶지 않다고 해서 먹지 않고, 먹고 싶다고 해서 먹는 게 아니라 세월이 흐르면 누구나 나이를 먹습니다. 그런데 나이를 먹지 않고 젊게 사는 방법이 있습니다. 그게 무얼까요? 비록, 육신은 늙었어도 젊은 사람의 생각과 늘 연기하면 됩니다. 이것은 젊음을 쫓아가라는 게 아니라 젊은이들처럼 생각하고 행동하라는 것입니다. 그렇지 않고 절이나 교회에 가서 복 달라고 기복에 매달리거나 자꾸 '아프다 아프다.'고 생각하면, 육신의 나이보다도 더 먹게 되어 일찍 죽을 수도 있습니다. 왜냐하면 육신의 노화도 연기를 일으키기 때문입니다. 비록 육신이 늙어가더라도 생각을 젊게 하면 연기를 일으켜서 몸도 건강해지고 마음도 젊어진다는 사실을 알아야 합니다.

나는 축복받고 태어난 신성한 존재이다

❖

나는 아버지와 어머니의 연기에 의해
축복받고 태어난 신성한 존재이다.
그런 나를 어찌 소중하게 여기지 않고
함부로 몸과 마음을 사용하면 되겠는가.

기존 불교는 인간의 태어남을 두고 전생의 무명無明 속에서 태어나서 자신이 만든 번뇌로 인해 괴로움을 겪다가 마침내 늙고 병들어 죽는다는 12 연기설을 바탕으로 하고 있습니다. 이것으로 인해 인간의 태어남은 고苦 그 자체이기에 차라리 윤회하지 않는 편이 낫다는 설법을 지금까지 펴고 있습니다. 그래서 불교 수행자들은 '나는 무상한 존재이고 무아'이기에 수행을 통해 깨달음을 얻어서 다시는 윤회하지 않는 삶을 살겠다는 게 최상의 목표입니다. 여기에서 출발한 것이 바로 생멸의 '공성空性'을 강조한 공사상입니다. 물론, 이 같은 견해에 대해 토를 달고 싶지는 않으나 한 번쯤 우리 불자들은 생각해 볼 여지가 있습니다.

그렇다면 나라는 존재는 어디에서 왔으며 누구라는 말입니까? 분명한 사실은 나라는 존재는 아버지와 어머니의 연기에 의해 축복받고 태어났다는 것입니다. 생일날이 되면 친구와 부모로부터 축하 인사를 받는 것도 이 때문입니다. 인간의 태어남 그 자체는 고가 아니라 축복임을 우리 불자들은 명심해야 합니다. 그런 나를 어찌 소중하게 여기지 않고 함부로 몸과 마음을 더럽힐 수 있겠습니까?

몸과 입 마음을 잘 다스려라

◆
◆

몸을 잘 단속하고
입을 조심하고
마음을 잘 다스려라.

복은 복끼리 연기하고
화는 화끼리 연기한다.

신구의身口意를 잘 다스리면
연기에 의해
반드시 큰 복을 얻게 된다.

우리는 날마다 '희로애락'을 겪으면서 살아갑니다. 그런데 날마다 좋은 날만 있으면 얼마나 좋겠습니까? 맑은 날이 있으면 흐린 날도 있습니다, 이것은 어쩔 수 없는 삶의 일부분이기도 합니다만, 문제는 화를 자초하는 잘못을 저지르지 말라는 뜻입니다. 모든 화의 원인은 자기 몸과 입, 마음을 제대로 다스리지 못해서 생깁니다. 이를 신구의身口意 삼업三業이라고 합니다.

그리고 반드시 명심해야 할 교훈이 있습니다. 좋은 일은 좋은 일과 연기하여 더 큰 복을 불러오지만, 나쁜 일은 나쁜 일과 연기하여 더 큰 화를 불러온다는 것입니다. 연기는 정신이나 마음 작용 같은 비물질적인 현상에서도 일어납니다. 그러므로 항상 내 몸을 잘 단속하고 입을 조심하고 마음을 잘 다스리면 반드시 큰 복이 찾아오게 될 것입니다.

콩 심으면 콩이 나고 팥 심으면 팥이 난다

❖

콩 심으면 콩이 나고
팥 심으면 팥이 나듯
연기의 법칙을 바르게 깨치면
눈 밝은 지혜가 생긴다.

공사상의 핵심인 연기의 법칙은 땅에 콩 심으면 콩이 나고 팥 심으면 팥이 나는 것처럼, 의외로 쉽고 단순합니다. 그런데 인간들은 이러한 자연의 순리를 몰라도 너무 모르고 있습니다. 농부가 땀을 흘려 씨앗을 뿌려야만 벼를 수확하는데 씨앗도 뿌리지 않고 벼를 얻으려고 하는 것은 도둑놈이나 다를 바가 없습니다. 이것은 연기의 법칙에도 크게 어긋나는 것이며 공사상이 가진 창조의 법칙에도 어긋납니다. 씨는 땅과 물, 흙과 빛과 연기하는 대상이고 나중에 수확하는 벼 그 자체는 공사상입니다. 왜냐하면 벼의 본질은 변하지 않기 때문입니다. 이렇듯 만물은 한 치의 어긋남도 없이 연기와 공사상에 의해 돌고 돈다는 사실을 항상 가슴 깊이 명심해야 합니다. 이렇듯 연기와 공사상을 제대로 깨우치면 눈 밝은 지혜가 생기게 되어 세상을 누구보다도 지혜롭게 살아갈 수 있습니다.